これから首都直下、南海トラフ巨大地震を経験する人たちへ

Miura Fusanori
紀

KADOKAWA

はじめに

南海トラフの巨大地震［注1］、首都直下地震は近い将来に必ず起こります。私たちがそれらに備えるための時間は、それほど残されていません。

この本を手に取っていただき有難うございます。手に取られた方は次のような方ではないかと思います。

① 最近、能登半島地震（2024年）など各地で大きな地震があり、南海トラフの巨大地震や首都直下地震について議論されている。実際いつ、どのような被害が出るのかを知りたい。
② 太平洋沿岸に住んでおり、南海トラフの巨大地震への備えを知りたい。
③ 首都近郊に住んでおり、首都直下地震への備えを知りたい。
④ 国や地方自治体がこれら地震にどのような対策を進めているのか知りたい。
⑤ 学校の防災教育で南海トラフの巨大地震や首都直下地震を取り上げたい。

⑥地方自治体や防災機関で防災に関する仕事をしている。

他にも「地震予知はできないのか」など素朴な疑問や興味、不安をもってこの本を手にされたことと思います。本書を読んでいただければそれらの疑問はある程度解消できるかと思います。

まず、南海トラフ巨大地震について述べます。

ここ数十年の間に、**世界中のプレート境界で地震、火山噴火が頻発しています。日本では西日本が地震の活動期に入っている**と考えられます。そして、フィリピン海プレートと大陸プレート（ユーラシアプレートともいいます）の境界である南海トラフで、巨大な地震が起こることが想定されます。

数年前から能登半島では地震活動が続いていましたが、２０２４年の能登半島での一連の地震や、２０１６年の熊本地震も西日本に蓄積されている地震エネルギーの一部が活断層の動きで解放されたものと考えられます。これらは南海トラフで巨大地震が起こる前触れである可能性があります。

南海トラフの巨大地震の規模（マグニチュード［注2］、以下M）は8から9クラスと想定されています。もしこの地震が起こると、西日本は強くて長い揺れに襲われ、また太平洋沿岸には非常に高い津波が地震発生直後に押し寄せます。その人的被害、物的被害は、２０１１年の東日本大震災をはるかに上回ると想定されています。

この**南海トラフでの巨大地震は歴史上何度も繰り返し起こって**おり、今後もフィリピン海プレートが動きを止めない限り繰り返し起こります。私たちはこの巨大地震に今すぐ備えなければなりません。ちなみに２０２４年４月に台湾東部で起こった大きな地震もフィリピン海プレートとユーラシアプレートの境界で起こった地震です。

首都直下地震はどうでしょう。

２０２３年は１９２３年に起こった関東地震（被害を関東大震災といいます）から１００年という節目の年でした。関東地震（Ｍ７・９）の前のＭ８クラスの大きな地震は、元禄の関東地震（１７０３年、Ｍ７・９〜８・２）です。過去の関東地方の地震活動に関する研究から、**関東地方ではＭ８クラスの巨大地震は二百数十年に一度起こり**、その間の最初の１００年はあまり地震の起こらない「静穏期」、その後の１００年はＭ７クラスの地震が多発する「活動期」と考えられています。

関東地震から１００年が経ち、関東でも地震の活動期に入ってきたとされます。Ｍ７クラスの地震の発生が近づいており、その前兆とも考えられる比較的大きな地震が関東地方で最近たびたび起こっています。

首都直下地震は世界でも有数の人口密集地、かつ経済活動が極めて高度に集積した地域を直撃する地震で、南海トラフ巨大地震とはまったく異なった被害の様相となります。その影響は単に日本国内にとどまらず、世界中に大きな影響を及ぼすことが考えられます。

大災害が起こるとその国の姿が大きく変わります。１７５５年11月１日にポルトガルのリスボンを襲ったリスボン大地震がその典型的な例です。この地震はモーメントマグニチュード（Ｍｗ）８・５〜９といわれ、南海トラフの巨大地震と同じくらいの規模で、地震の後襲った津波と大火で、リスボンの街はほとんど廃墟となりました。当時のリスボンの人口は27万５千人、そのうち最大で９万人の死者が出たともいわれています。当時ポルトガルはスペインと世界の覇権を争っていましたが、この地震で一気にポルトガルは衰退の道を進むことになります［注３］。

南海トラフ巨大地震や首都直下地震への対策はどのようになっているでしょうか。国や地方自治体は最新の科学成果を用いて被害想定を行い、防災計画を立て、備えを急いでいます。一方の国民はというと、防災意識の高い人もたくさんいらっしゃいますが、多くの人はその危機が迫っていることに無関心なように思えます。一部を除いて、そのことをきちんと伝えきっていない報道機関にもその責任があるような気がしています。

災害大国でありながら、これまで命を守るための学校での防災教育も不十分でした。命があってこそ児童、生徒たちは学校で勉強することができます。その反省を踏まえ、学習指導要領が２０１７〜２０１８年度に大幅に改訂され、その中で防災教育が大きく取り上げられました。しかしながら、必ずしも学校での防災教育は学習指導要領の目指す内容・レベルとはなっていないようです。子どもたちに限りませんが、**いつか誰かが必ず南海トラフの巨大地震、首都直下地震を体験します。**しっかりとした防災教育が必要です。

ただ、対策を国や地方自治体の行政に任せるだけでは被害を抑えることはできません。私たち個人個人が南海トラフ巨大地震、首都直下地震の姿をしっかりと理解して、自分でできる対策・準備をしなければなりません。**一番大切なのは、命を守ること**。これを最優先に考えた対策や準備が必要となります。

以上のような観点から、この本では、近い将来に迫っている「南海トラフ巨大地震」と関東の「首都直下地震」が起こるとどのような被害が生じるのか、それらに対して国や地方自治体がどのような対策を進めているのか、そして個人個人が具体的にどのような対策を取るべきかを、できるだけわかりやすく説明します。

私は京都大学大学院で地震工学を専攻し、修了後は同大学防災研究所で助手、その後山口大学で助教授、教授として地震工学、防災工学の教育研究に携わってきました。現在は主に衛星データの防災への利用に取り組んでいます。これまでの研究を通して感じた南海トラフ巨大地震、首都直下地震のひっ迫性、それに対する多くの人々の無防備さに危機感を感じ、いてもたってもいられず本書を執筆しました。

本書では、第1章で各種データを示しながら、南海トラフ巨大地震と首都直下地震が近い将来に迫っていることを説明します。

第2章では南海トラフ巨大地震の被害想定について説明し、その被害に対して国や地方自治体がどのような対策を進めているか、そしてそれらを知った上で私たちは何をどのように備えなければならないかについて説明します。

第3章では首都直下地震を対象に、第2章と同様に被害想定結果、国や地方自治体の備え、そして私たちの備えについて説明します。

第4章では地震の直前予知の可能性も含めて、最新の防災に関する科学技術を紹介するとともに、それらに基づいた国や地方自治体、防災機関の取り組みを紹介します。同時に私たち一人ひとりが意識を変える必要性があることを述べます。

今ならまだ間に合います。被害を最小限に抑えるための準備を今からはじめましょう。本書が、読者の皆さんの防災意識の向上に役立つことを願っています。

注1 この本では南海トラフで起こる、あるいは過去起こった巨大地震を総称して「南海トラフの巨大地震」、次に起こる南海トラフの巨大地震を「南海トラフ巨大地震」と呼び、区別して表記します。トラフとは溝という意味。海溝よりも水深は浅い。

注2　地震のマグニチュードは、地震が起こった時に放出されるエネルギーの大きさに関係する指標で、基本的には地震記録の振幅から求められます。日本では気象庁が決めているので、気象庁マグニチュードといわれることもあります。ただ地震を起こす断層が非常に大きくなると揺れの長さは長くなりますが、振幅はM8以上になるとあまり大きくなりません。そこで一般にM8以上になるとその地震を起こした断層の面積を用いてマグニチュードが計算されます。このマグニチュードをモーメントマグニチュードMwといいます。気象庁マグニチュードはMwと区別してMJと表されることもあります。マグニチュードが0・2増えるとエネルギーは2倍に、1増えるとエネルギーは約32倍となり、2増えると1000倍となります。

注3　この地震は「どうして神はこんなひどいことをするんだろう」と宗教観にも大きな影響を与え、一方で地震を科学的に解明しようという動きにもつながりました。

目次

第2章

南海トラフ巨大地震の被害想定とその備え

第3章 首都直下地震の被害想定とその備え

第4章 災害に強い日本を作るために

第1章

迫りつつある南海トラフ巨大地震と首都直下地震

能登半島地震、日向灘地震などM7規模の地震が増えた

２０２４年の元日、私は大きなショックを受けました。午後、サッカー日本代表の強化試合で日本が快勝し、気分よくテレビを見ていたときに突然飛び込んできた地震のニュース。屋根瓦がすべり落ち、遠くの方で土煙が上がる映像が流れ、しばらくすると火災による煙も見えてきました。「令和６年能登半島地震」（Ｍ７・６）が起こった瞬間でした。ＮＨＫのアナウンサーは津波からの避難を必死に呼びかけました。その様子は、日ごろの落ち着いたＮＨＫのアナウンスの口調とはまったく異なっていました。２０２４年11月現在で犠牲者は災害関連死を含めて４６２人を数え、今も多くの被災者の方々が不自由な生活を送っています。

続く２０２４年８月８日、Ｍ７・１の宮崎県日向灘を震源とする地震（日向灘地震）が起こり、初めて「南海トラフ地震臨時情報」が出されました。この「南海トラフ地震臨時情報」については第２章で説明しますが、この情報のことを知らない人がほとんどで、大きな混乱に陥ったところもあります。

遡りますが、1995年1月17日、関西をM7・3の激震が襲いました。

これが「兵庫県南部地震」（阪神・淡路大震災）です。関西には大きな地震は発生しない、と多くの人が間違った思いでいたところに突然襲った地震でした。残念ながら6千人を超える方が命を落としました。阪神高速道路3号神戸線が倒壊した衝撃的な映像を記憶している方もいるかと思います。私もこのとき大阪にいて、激しい揺れを体験しました。

2016年4月14日にM6・5、16日にはM7・3の地震が熊本県を襲いました。震度7の地震がほぼ同じ場所で連続して起こったのは初めてのことです。200人以上の方が亡くなりましたが、大半が災害関連死ということで、地震の揺れなどからは助かりながら、その後の避難生活中に体調を崩し、多くの方が命を落としたのは痛ましいことでした。

このように、**兵庫県南部地震、熊本地震、能登半島地震、日向灘地震といずれもM7以上の地震が西日本で起こっています。**その間、2011年には東日本大震災（東北地方太平洋沖地震）も起こり、およそ1万5900人もの方が命を落としました。

私には刻一刻と南海トラフ巨大地震や首都直下地震が近づいているように思えてな

表1-1　貞観地震から続いた全国の巨大地震

年月日（旧暦）	地震の規模	場所・被害状況
869年7月13日 （貞観11年5月26日）	M8.3	三陸沖の巨大地震とみられる。三陸沿岸の城郭、倉庫など崩れ落ち倒壊多数。津波が多賀城下を襲い、溺死者約1000人。
878年11月1日 （元慶2年9月29日）	M7.4	関東諸国で起こった巨大地震。相模（現在の神奈川県）・武蔵（東京都、埼玉県、神奈川県の一部）では5～6日震動が止まらなかった。建物の被害は多く、圧死多数。伊勢原断層の活動による可能性。
887年8月26日 （仁和3年7月30日）	M8.0～8.5	南海トラフの巨大地震と考えられる。五畿・七道（北海道を除く全国）が揺れる。京都で建物の倒壊多数。津波が沿岸を襲い、特に摂津（大阪府、兵庫県南東部）では被害が大きかった。

『理科年表 2023』一部参考

りません。

本章では、まず**1**でいくつかの傍証から南海トラフ巨大地震と首都直下地震の発生が近いことを述べます。**2**では過去から現在までの地震活動をもとに、南海トラフ巨大地震の発生が近いことを、そして**3**では首都直下地震の発生も近いことを説明していきます。

1　南海トラフ巨大地震と首都直下地震の発生はそう遠い将来ではない

2011年に東日本大震災が発生したとき、869年に三陸沖で起こった「貞《じょう》観《がん》地震」が、巨大津波を伴った歴史上の

図1-1 **貞観地震、元慶地震、仁和地震から東日本大震災以降に生起すると考えられる巨大地震の可能性**

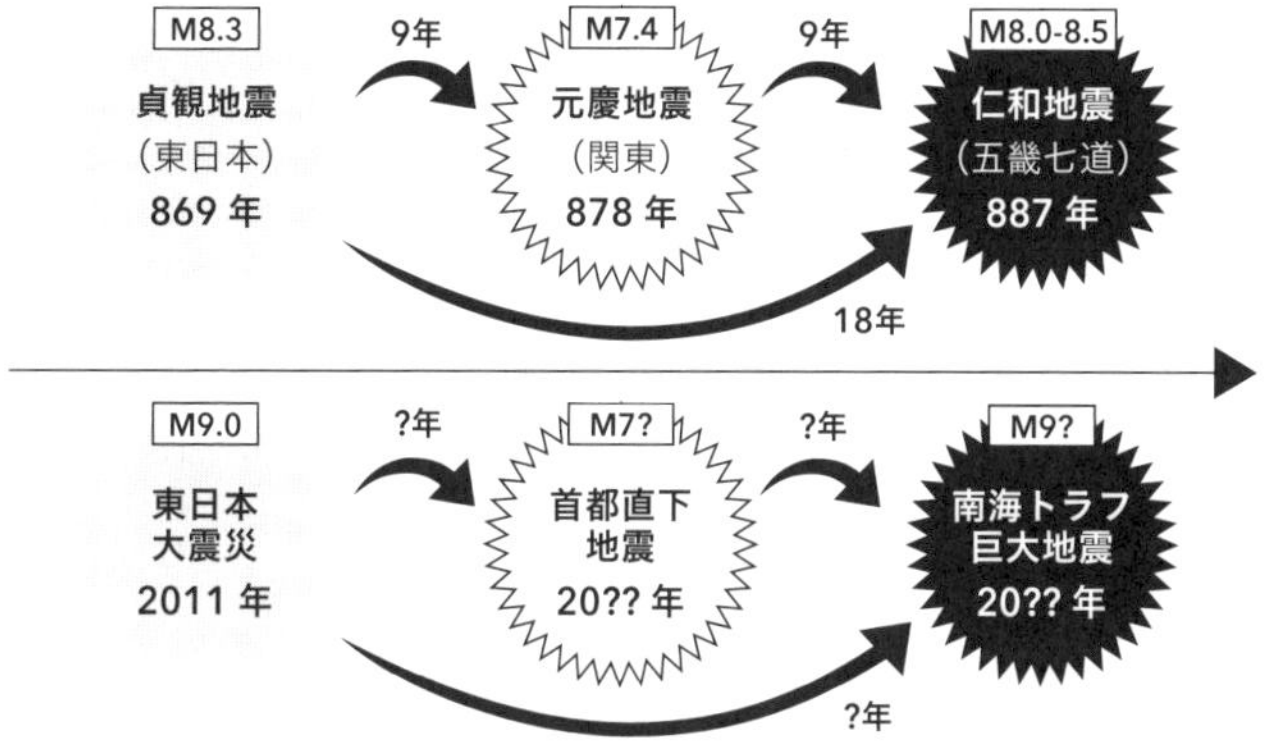

地震として注目されました。実はその9年後の878年に関東で「元慶《がんぎょう》地震」という大きな地震が起こっており、さらにその9年後の887年には五畿七道を震わせた巨大地震「仁和《にんな》地震」が起こっています。

貞観地震は東日本大震災に、元慶地震は首都直下地震に、仁和地震は南海トラフ巨大地震に相当すると考えられています。**表1-1**にこれら3つの地震の概要を説明します。「場所・被害状況」は、『理科年表2023』の説明を要約しています。なお元慶地震の説明の中の伊勢原断層とは、現在の神奈川県中部から中南部にある活断層です。

これらの地震を発生順に並べてわかりやすくしたものが**図1－1**です。貞観地震から9年後に元慶地震が起こり、さらに9年後に仁和地震が起こっています。自然が相手なので、この通りの順番、期間とはならないと思いますが、このことを考えると東日本大震災が2011年なので、首都直下地震と南海トラフ巨大地震の発生はそう遠くない時期だろうと予測できます。実際、**内閣府の地震調査委員会も、今後30年以内に首都直下地震が起こる確率は70％程度、南海トラフ巨大地震が起こる確率は70～80％程度と公表**しています。

2 南海トラフ巨大地震はあと10年以内に起こる？

南海トラフの巨大地震については、第2章で詳しく説明しますが、伊豆半島西の駿河湾から東海沖、紀伊半島沖から四国沖を経て日向灘にかけて起こる巨大地震で、過去、約百年から百数十年に一度の周期で起こっています。**南海トラフの巨大地震が起こると強い揺れが数分間続き、大きな津波が太平洋沿岸を襲い、数万人、最悪の場合には数十万人の犠牲者**が出ます。なぜそのような規模の地震になるかというと、西日

図1-2　西日本の地震の活動（活動期と静穏期）

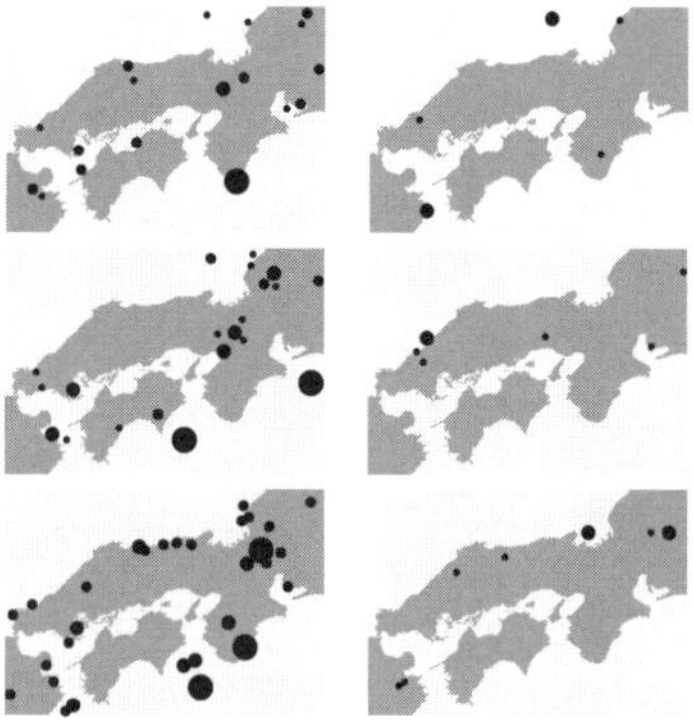

活動期

1649-1718年（約70年間）
1707年 宝永地震

1789-1858年（約70年間）
1854年 安政東海
1854年 安政南海地震

1891-1948年（57年間）
1944年 昭和東南海
1946年 昭和南海
1948年 福井地震

静穏期

1719-1788年（約70年間）

1859-1890年（31年間）

1949-1994年（45年間）

1995年の阪神・淡路大震災以降、西日本は活動期に入ったと考えられる

本が載っているユーラシアプレートの下にフィリピン海プレートが年間4〜6センチメートルの速さで潜り込んでおり、それによって常に西日本の地盤はプレートの力を受け続けています。そして、ユーラシアプレートとフィリピン海プレートの境界の摩擦力が限界に達すると、突然プレートがすべって（破壊して）、両プレートの境界である南海トラフで巨大な地震が起こるというメカニズムです。

　昔は南海トラフとは言わず「東海地震」、「東南海地震」、「南海地震」と地震の発生する地域ごとに呼ばれていましたが、東日本大震災以後は、これらの地震

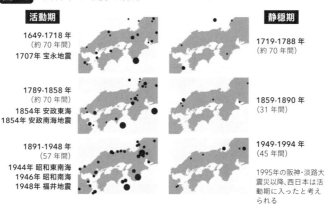

図1-3　阪神・淡路大震災（95年）以後、2023年までに西日本で起こったM5以上の地震

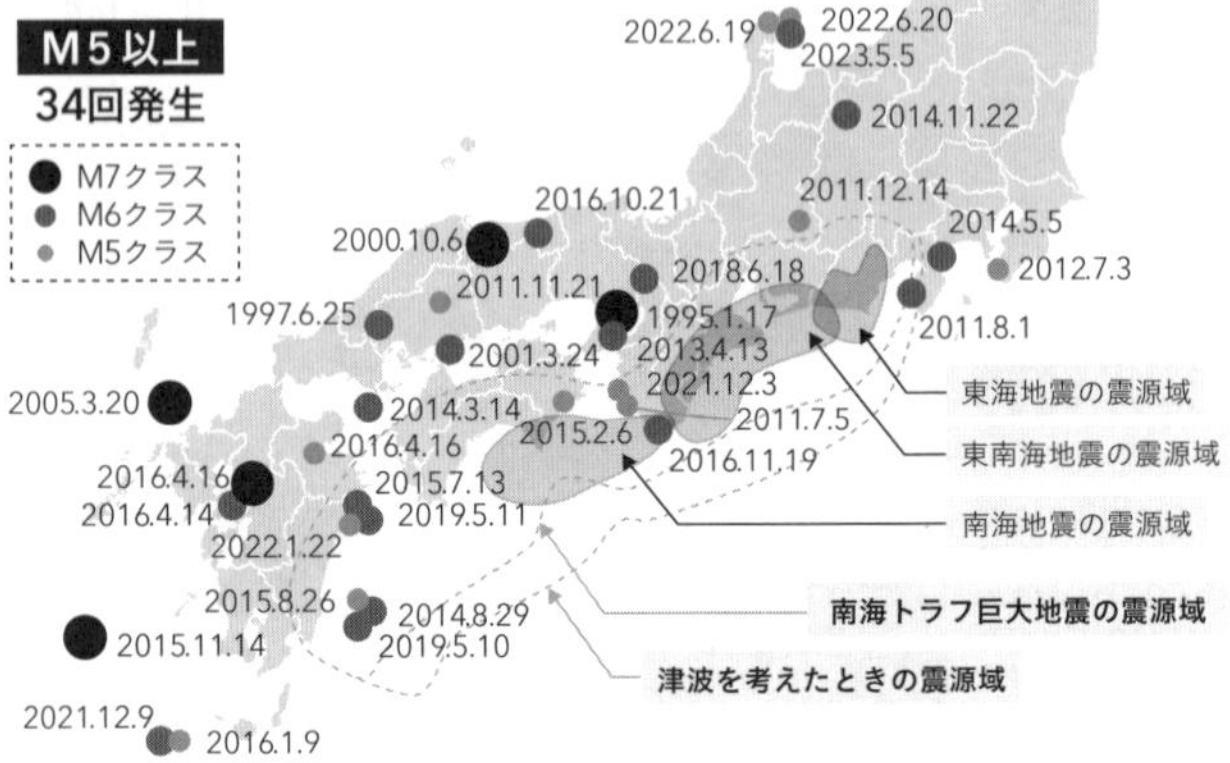

が同時に起こる可能性があることから「南海トラフの巨大地震」と呼ばれるようになりました。

フィリピン海プレートの潜り込みによって圧力が蓄積されると、列島の弱い部分、すなわち活断層が地上に現われていない地下の断層も含めて動きます。これが直下地震ですが、南海トラフの巨大地震が起こる前に、西日本各地で地震が頻発することが予想されています。これを「活動期」といいます。

南海トラフの巨大地震が起こると圧力が解放されて（なくなって）、しばらくの間大きな地震はほぼ起きません。これを「静穏期」といいます。西日本は図1－

2に示すように地震が頻発する活動期と、あまり地震が起こらない、起こってもマグニチュードが小さい静穏期が交互に来ています。そして活動期の終わり頃に南海トラフで巨大地震が起こっています。

ここで問題なのは1995年の阪神・淡路大震災以降、明らかに活動期に入っているということです。**図1-3**は阪神・淡路大震災以降、2023年末までに西日本で起こったM5以上の地震をまとめたものです。図には南海トラフ巨大地震の震源域も併せて囲ってあります。その中には東海地震、東南海地震、南海地震の震源域も示してあります。この図から読み取れるのは、**現在多くの地震は南海トラフ巨大地震の震源域を包囲するように起こっている**ということです。過去の大型地震のときと同じ状況のため、南海トラフ巨大地震が近づいているといえるのです。

2013年、南海トラフの地震活動の長期評価が地震調査研究推進本部から公表されましたが、この長期評価には非常に重要なことが述べられています。

まず南海トラフで巨大な地震が起こると、場所によって地盤が沈下したり隆起したりします。なかでも高知県高知市は過去の地震（1946年、昭和南海地震）で市街地全体が約1・15メートル沈下したことがあり（**図1-4**参照）、今回もまた大きく沈下す

図1-4 昭和南海地震発生翌日の高知市街（写真上）と2020年10月の市街（同下）

『南海トラフ地震に備えちょき』より

ると考えられます。当時は木造家屋なので倒壊が多く、津波にさらわれ、地盤が沈下したため市街地の広い範囲がその後海水に覆われてしまいました。

南海トラフ巨大地震では地盤が1・5～2メートル沈下することが予想されています。ほとんどのビルは揺れや津波で倒壊したり流されたりすることはありませんが、建ったまま1階部分が海面下になるでしょう。

その一方で、高知県の室戸岬エリアは隆起します。**図1－5**は過去にどれだけ隆起したか計測したものですが、1707年の「宝永地震」のときは約2メートル、幕末の「安政南海地震」、1946

図1-5　室戸岬(室津港)の地震時の隆起量

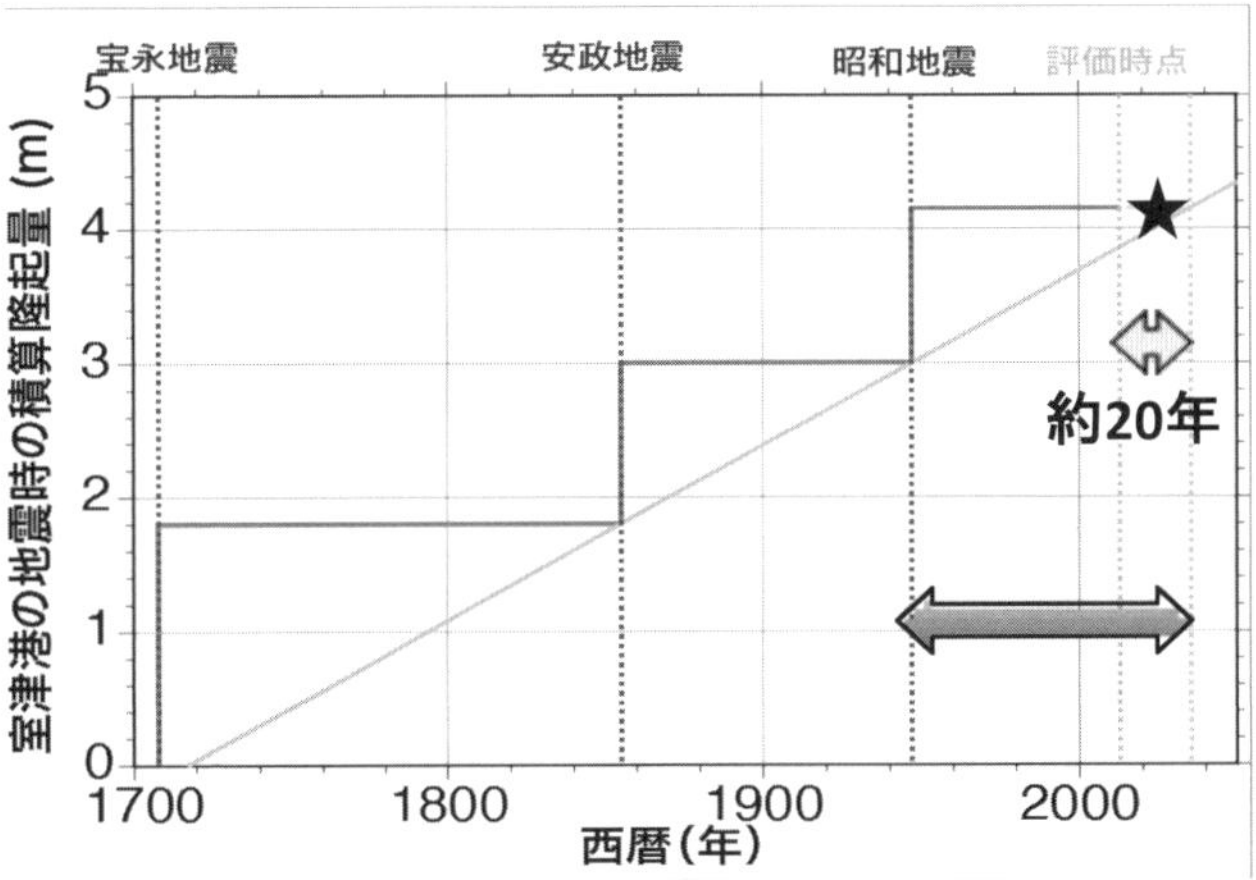

「南海トラフの地震活動の長期評価」による

年の「昭和南海地震」のときは約1・2メートル隆起しています。

地震が起こった年と隆起量の関係を結んでいくと、南海トラフ巨大地震で予測される隆起量が延長線上に見えてきます（星印のところ）。

2013年に行った政府の評価では、**昭和南海地震から88・2年後に巨大地震は起こるとされ、すなわち2033年前後**となります。あと10年もしないうちにその日がやって来るということです。

たとえ2033年ごろに起こらないにしても、南海トラフ巨大地震はいよいよ近づいていると言っていいでしょう。先になればなるほどエネルギーが蓄積され、地震は大きくなります。２０３３年ころに地震が起こらなかったからといって、決して安心することはできないのです。

3 今後M7クラスの地震が多発していく首都圏

東京都を含む首都圏では過去何度も大きな地震が発生し大きな被害が生じています。ここでいう首都直下地震とは、１９２３年のＭ７・９の関東地震とは異なり、それより少し規模の小さいＭ７クラスの地震のことです。Ｍ７クラスの地震といっても阪神・淡路大震災もＭ７クラスの地震ですから、それと同規模の地震が首都圏の直下で起こると大規模な災害となり、多くの犠牲者が出ることが容易に想像できます。その被害想定をするには、過去、関東でいつどの程度の地震が起こったかを調べる必要があります。

図1-6は首都直下地震の前提になっている、１６００年以降の南関東での大きな地震の履歴です。この図が示すように、**1923年の関東大震災の前にはM7クラスの地震が多発**しています。いわゆる地震の活動期です。関東大震災の後は大きな地震

図1-6　首都直下地震の前提となる南関東で発生した地震
（1600年以降、M6以上）

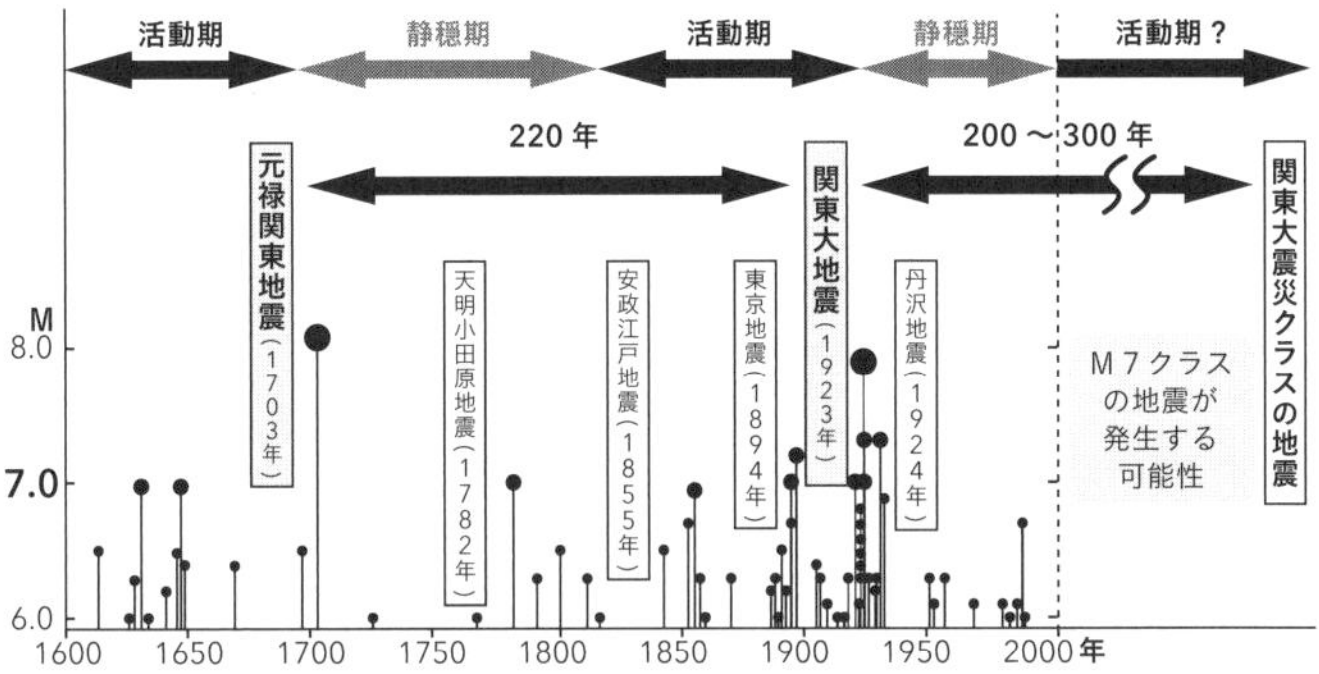

はほとんど起こっていません。エネルギーが関東大震災で解放されて静穏期が続いたのです。

「はじめに」でお話をした通り、関東圏の地震の期間を考えると、関東大震災から１００年経過した今、関東地方は地震の活動期に入っていると考えられてます。

２０２１年10月7日の22時過ぎ、関東地方で大きな地震が起こりました。マグニチュードは5・9、震源の深さは75キロメートルという地震でした。幸い亡くなった方はいなかったようですが、帰宅する人がターミナル駅に集中するなど首都圏の交通機関はストップ。**最近関東周辺で多発しているM5～6クラスの地震**

図1-7　1995年以降関東地方で起こったM5.5以上の地震

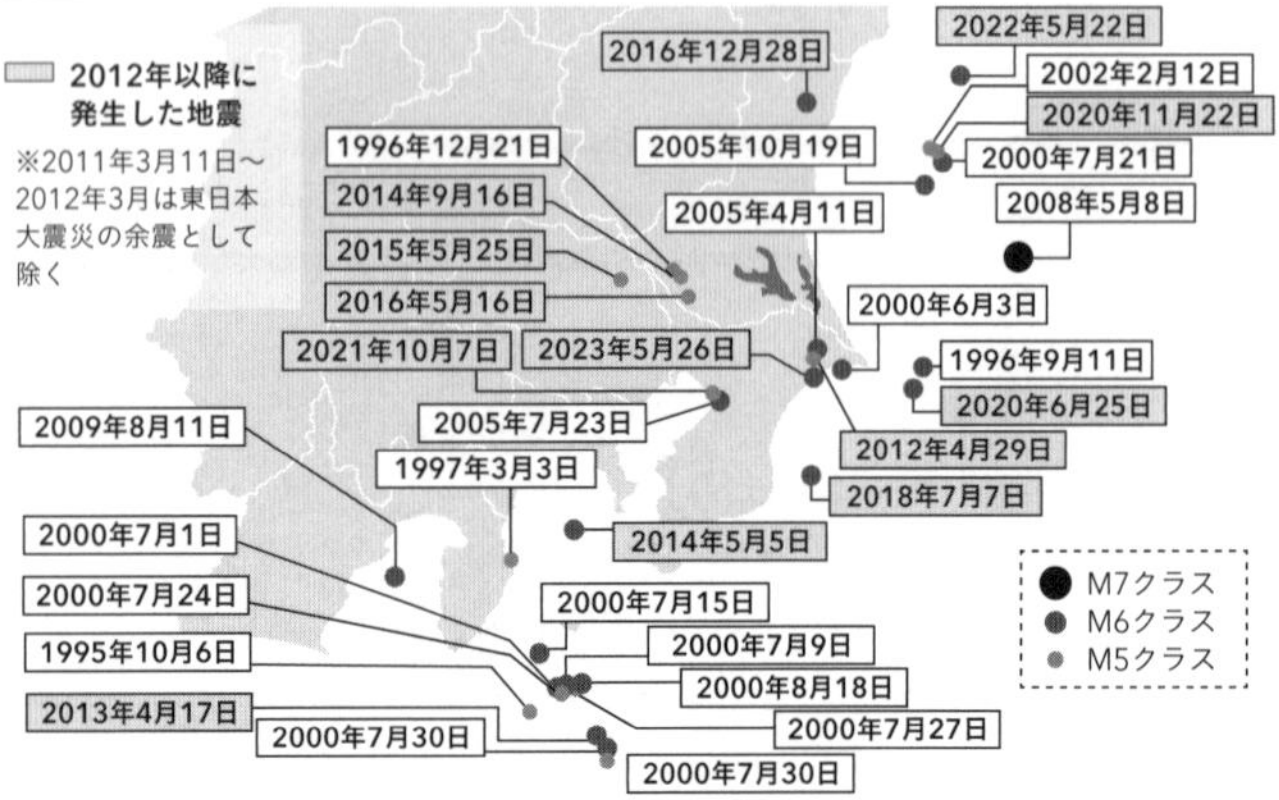

はその前触れだと予測できます。

１９９５～２０１９年まで、関東地方で起こったＭ５・５以上の地震を**図１－７**に示します。東日本大震災の余震と考えられる２０１１年３月から１年間の地震は省いています。濃い色をつけているところが２０１２年４月以降に発生した地震です。さらに２０２０年以降に起こったＭ５以上の地震が**図１－８**です。

各地で多発していることがよくわかりますし、今後Ｍ７クラスの地震がたびたび起こることが考えられます。詳しくは第３章で述べますが、この分布から首都直下地震が起こった場合に**一番被害が大きいと予測されているのが都心南部で、**

図1-8　2020年以降関東地方で起こったM5.0以上の地震

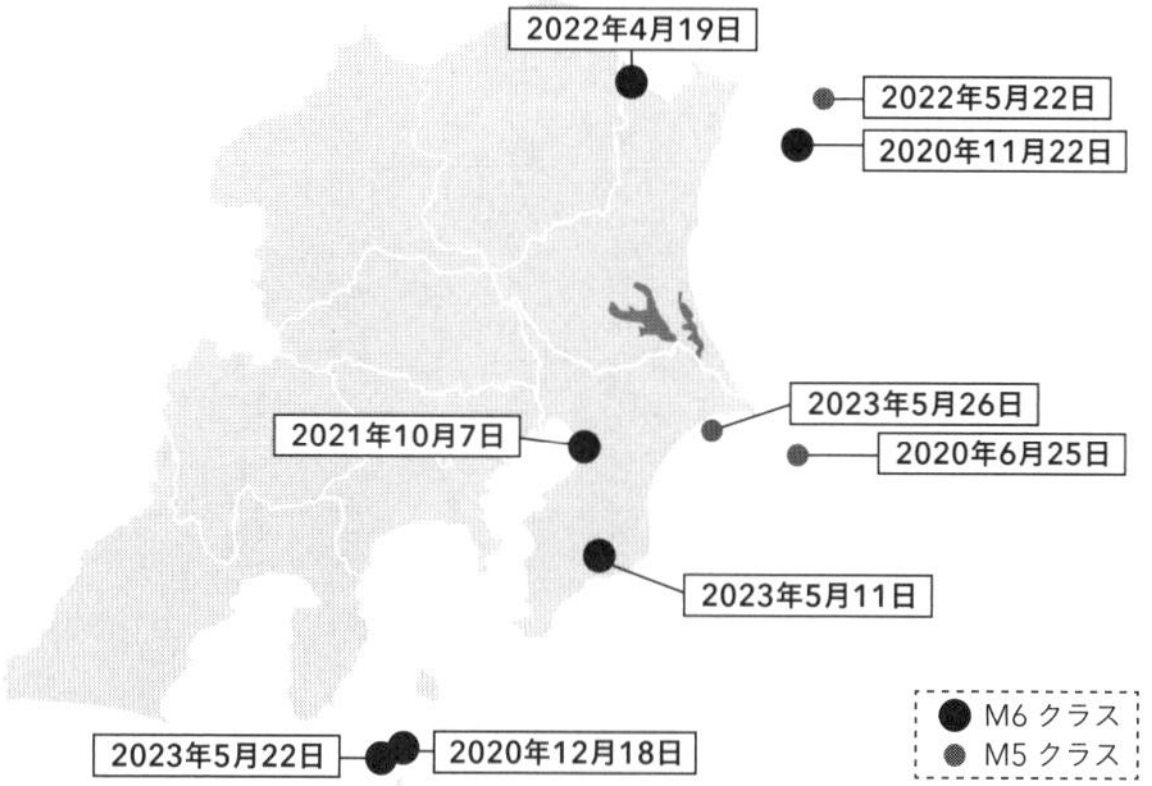

その被害額は113兆円になると試算されています。ちなみに、阪神・淡路大震災の直接被害額が約10兆円、東日本大震災が約20兆円で、いかに首都直下地震の被害額が大きいかおわかりいただけると思います。南海トラフ巨大地震の被害額はさらに大きく、最悪237兆円とも想定されています。しかもこれらの被害額は災害直後に出る被害で、地震の影響は長期にわたってボディーブローのように効いていき、経済に悪い影響を及ぼすことが容易に想像できます。

末の松山

2011年の東日本大震災のときに、その前の大きな津波を伴った地震ということで、貞観地震が話題に上りました。貞観地震は平安時代の869年7月13日（貞観11年5月26日）、陸奥国（現在の福島、宮城、岩手、青森各県と秋田県の一部）の東方沖（三陸沖）の海底を震源域として発生したと推定されています。モーメントマグニチュード（Mw）は8・7以上と考えられ、10メートル以上の津波が海岸を襲い、今の宮城県多賀城市にも及んだという記録が残っています。ただ、仙台港から北に約3キロメートル行った多賀城市内に標高10メートル弱の小高い「末の松山」という名勝がありますが、津波がここを越えることはなかったようです。

小倉百人一首には、清原元輔が次のような歌を詠んでいます。

『契りきな かたみに袖を しぼりつつ 末の松山 波越さじとは』

現代語に訳せば、「約束をしましたよね、袖で涙を拭きながら。末の松山を津波が決して越えることがないように、2人の愛も変わらないと。ああ、それなのに……」といったところでしょうか。

2011年の東日本大震災のときも、津波はここを越さなかったようです。

ところで、東日本大震災当日、私は午前中、新宿の高層ビルの一室で会議をし、午後一番の飛行機で羽田から山口宇部空港へ飛びました。地震が起こった午後2時46分はちょうど岡山上空を飛んでいたことになります。何も知らずに大学の研究室に戻ると、長男から連絡があり、「弟から何か連絡があったか」と尋常ではない様子でした。聞けば東北地方が大変なことになっていると言います。当時、次男は仙台市内の中層マンションに住んでいたのです。電話はつながらないと諦め、急ぎ家に帰りテレビのスイッチを入れ、信じられない現場の様子をじっと見ていました。

次男からはその夜の24時頃「みんな無事」という連絡がありました。公衆電話からでした。後ろに長い列ができているということだったので簡単に「余震があるから気をつけるように」とだけ言って電話を切りました。このような経験をされた親御さんも多いのではないでしょうか。

第1章の参考文献

1 『理科年表 2023』「地学 日本付近のおもな被害地震年代表」（丸善出版・2023年）
2 地震調査研究推進本部・地震調査委員会『長期評価による地震発生確率値の更新について』（2023年1月13日）
3 政府・地震調査研究推進本部『南海トラフの地震活動の長期評価（第二版）』（2013年5月）
4 高知県『南海トラフ地震に備えちょき（改訂版）』（2023年3月）
5 中央防災会議・防災対策推進検討会議・首都直下地震対策検討ワーキンググループ『首都直下地震の被害想定と対策について（最終報告）』（2013年12月）

第2章

南海トラフ巨大地震の被害想定とその備え

地震に備えるためには、地震という敵の姿を正しく知る必要があります。それには地震被害想定が参考になります。

被害想定とは、どこでどれくらいの震度の地震が起こり、どんな原因で（家の倒壊で、津波で、火災でなど）、どこに、どのような被害が（物的に、人的に、経済的になど）出るかをコンピュータでシミュレーションします。それによって被害を少なくすることができます。これらの被害想定は特に行政の防災計画、防災・減災施策に反映されます。

本章ではまず1で南海トラフ巨大地震の被害想定の主な結果を示し、2でどのようなプロセスでそのような結果が得られたのか、被害想定の手順について簡単に説明します。私たち一人ひとりが、地震を正しく知って、正しく恐れ、正しく行動することが必要です。そこで、3で国の取り組み、4で地方自治体の取り組み、そして5で私たちに必要な備えについて述べます。

少し専門的な解説になりますので、何をどのように備えなければならないか、ということに興味がある方は、まず5を読み、興味に従って4→3→2→1と逆に読まれてもよいと思います。

被害想定を行うためには多くの仮定や前提条件があります。すべてが科学的にわかっているわけではないからです。その仮定や前提条件が変われば、当然想定結果も変わります。私の住む山口県ではこれまでに地震被害想定を4回実施し、現在、能登半島地震の教訓を活かして5回目の被害想定を行っています。私は5回とも委員長として被害想定に関わりました。したがって被害想定の仮定や前提条件が変わると結果がどう変わるか、また被害想定の限界も理解しているつもりです。それらのことも説明したいと思います。

1 南海トラフ巨大地震の被害はどうなるか

地震被害想定は、**新しい地震災害が起きたり研究成果が発表されたり社会が変わることによって、常に見直されています。**南海トラフ巨大地震に対する被害想定結果は、国の中央防災会議 防災対策推進検討会議「南海トラフ巨大地震対策検討ワーキンググループ」から2012年8月に建物被害、人的被害を中心に第一次報告がありました。また2013年3月にライフライン被害、交通施設被害、生活への影響、被害額などが第二次報告として公表されています。

それから10年経過したことから現在、被害想定の見直しが行われています。その最中に能登半島地震が発生したこともあり、見直し作業は予定よりも遅れていてまだ発表されていません。各都道府県においても見直しの動きがあります。被害想定の手法はほとんど変わりませんが、結果は大きく変わる可能性があります。

1 想定する地震のモデルをもとに被害想定を算出

被害想定はまず地震のモデルを想定することからはじまります。その想定には大きな揺れに対する「**断層モデル**」と、津波に対する「**津波モデル**」があります。

① 断層モデル

これまでの研究で、断層面の中で強い揺れを起こすところと、そうでないところがあることがわかっています。強い揺れを起こす領域は「強震動生成域」（アスペリティ）と呼ばれます。「南海トラフの巨大地震モデル検討会」（以下、モデル検討会）では、断層面のほぼ中央に強震動生成域があるケース（これは「基本ケース」と呼ばれています）、東側

図2-1　南海トラフ巨大地震の想定断層モデル

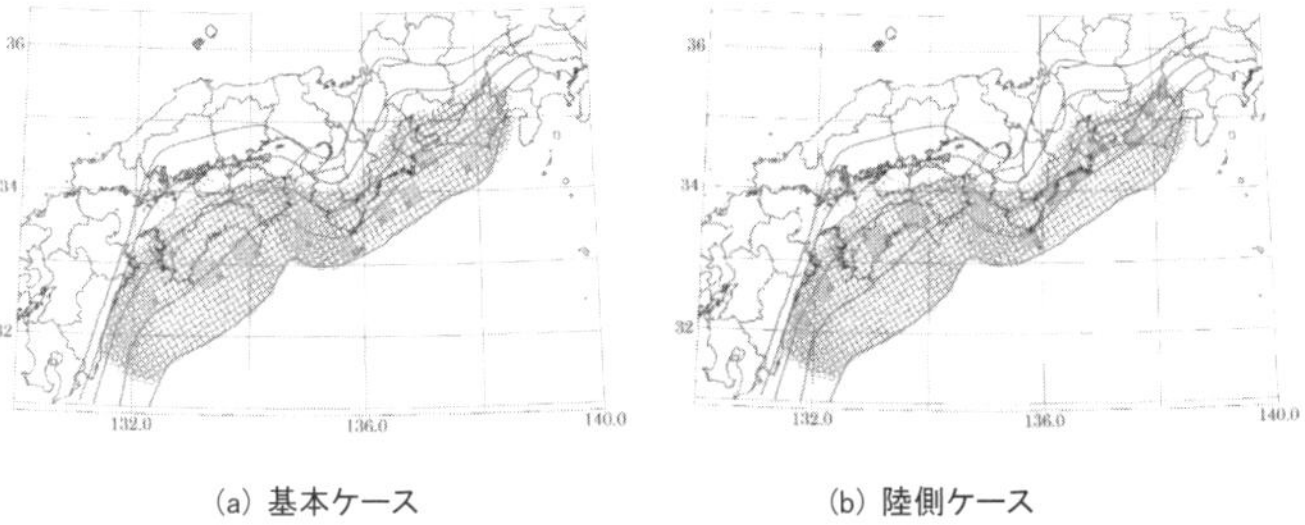

内閣府HPより

にあるケース、西側にあるケース、そして陸側にあるケースの4つのケースが検討されています。

図2-1は基本ケースと陸側ケースを並べて比較したものです。図中にあるいくつかの四角が強震動生成域で、陸側ケースのように強震動生成域が陸に近いと揺れによる被害が大きくなります。四角の場所を見てみると、**東側では三重県、愛知県、静岡県の沿岸部、西側だと和歌山県、徳島県、高知県、宮崎県の沿岸部の被害が大きくなる**ことが考えられます。

陸側ケースの震度分布を見てみましょ

図2-2　南海トラフ巨大地震の陸側ケースの震度分布

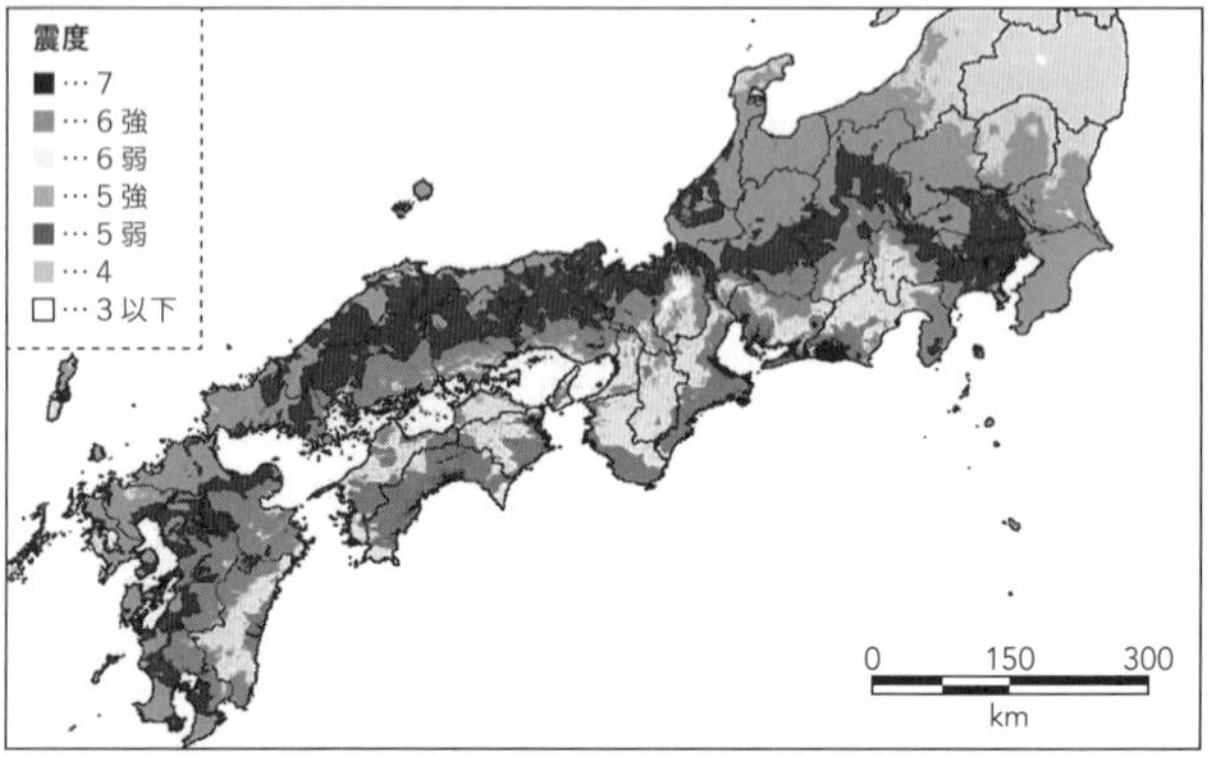

内閣府HP「南海トラフの巨大地震モデル検討会」より加筆

う（図2－2）。この図より**静岡県から宮崎県まで、極めて広い範囲で非常に強い揺れの可能性がある**ことがわかります。

②津波モデル

南海トラフ巨大地震では津波による大きな被害が考えられます。津波モデルは、断層面のどこが大きく食い違うか（大きく「すべる」とも言います）が重要です。モデル検討会では大きくすべる場所を11通り検討していますが、被害想定ではそのうち次の5ケースを被害想定の対象にしています。

ケース①　駿河湾～紀伊半島沖に大きくすべる領域を設定したモ

図2-3　四国沖に大きくすべる領域を設定した津波モデル

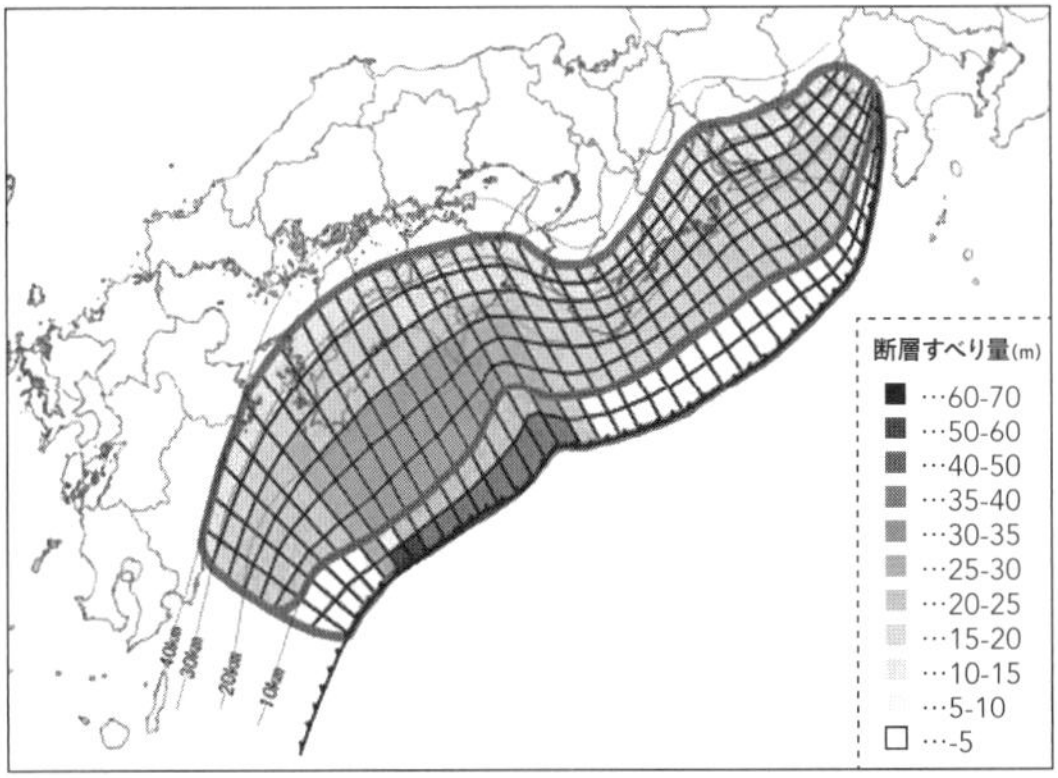

内閣府 HP「南海トラフの巨大地震モデル検討会」より加筆

デル

ケース②　紀伊半島沖に大きくすべる領域を設定したモデル

ケース③　紀伊半島沖～四国沖に大きくすべる領域を設定したモデル

ケース④　四国沖に大きくすべる領域を設定したモデル

ケース⑤　四国沖～九州沖に大きくすべる領域を設定したモデル

どのようなものか例としてケース④の四国沖に大きくすべる領域を設定した津波モデルを示します（図2－3）。

この図から、**最高の津波水位が高知県黒潮町で34・4メートルにも達するとい**

う想定結果が発表されたときには大きな話題となりました。しかしケースが異なれば他の地域でも20メートル、30メートルを超えるところがたくさんあることに注意が必要です。

2 死者数、負傷者数、救助者数の想定（第一次被害想定結果より）

２０１２年８月に発表された第一次被害想定結果では、①建物被害、②屋外転倒・落下物の発生による被害、③人的被害を対象に想定結果が公表されています。揺れに対する被害は「基本ケース」と「陸側ケース」の２ケースそれぞれに対して、津波で東海地方が大きく被災する場合（津波ケース①）、近畿地方が大きく被災する場合（津波ケース②）、四国地方が大きく被災する場合（津波ケース③）、九州地方が大きく被災する場合（津波ケース④）の４通り、すなわち２×４＝８通りについて想定が行われています。したがって想定結果には幅があります。ここでは人的被害が最大となる場合について説明します。

① 人的被害

表2-1　南海トラフ地震による人的被害結果

項目		冬・深夜	夏・昼	冬・夕
建物倒壊による死者 （うち屋内収容物移動・転倒、屋内落下物）		約 82,000 人 （約 6,200 人）	約 37,000 人 （約 3,000 人）	約 59,000 人 （約 3,900 人）
津波による死者	早期避難＋呼びかけ	約 117,000 人	約 68,000 人	約 70,000 人
	早期避難率低	約 230,000 人	約 195,000 人	約 196,000 人
急傾斜地崩壊による死者		約 600 人	約 200 人	約 400 人
地震火災による死者	平均風速	約 8,700 人	約 5,300 人	約 21,000 人
	風速 8m/s	約 10,000 人	約 5,900 人	約 22,000 人
ブロック塀・自動販売機の転倒、屋外落下物による死者		約 30 人	約 500 人	約 800 人
死者数合計	平均風速	約 321,000 人	約 237,000 人	約 277,000 人
	風速 8m/s	約 323,000 人	約 238,000 人	約 278,000 人
負傷者数		約 623,000 人	約 524,000 人	約 535,000 人
揺れによる建物被害に伴う要救助者 （自力脱出困難者）		約 311,000 人	約 194,000 人	約 243,000 人
津波被害に伴う要救助者		約 29,000 人	約 36,000 人	約 35,000 人

内閣府 HP「南海トラフ巨大地震の被害想定について」より

南海トラフ巨大地震発生時には、非常に多くの人的被害（死亡、行方不明、負傷、閉じ込め＝自力脱出困難など）が想定されます。**表２−１**がその結果です。

屋内の家具や什器類などの移動・転倒、あるいは落下物も含めて、建物の倒壊による死者は「冬の深夜」に地震が起こった場合が最も多く、約８万２千人と想定されています。そのうち約６２００人が屋内の家具や什器類による被害です。家屋の耐震化、家具などの固定、落下防止が重要なことをこの数字は物語っています。

津波による死者の想定は、地震後早期に避難し、避難の呼びかけがある場合と、過去の津波災害のようにすぐに避難する人の割合が低い場合の2ケースが想定されています。津波による死者も「冬の深夜」が一番多くなっています。寝ていることで避難が遅れるからです。死者数はどの地方の被害が大きいかによって大きく異なり、最も多いのが「東海地方が大きく被災する場合」(津波ケース①)で〝早期避難+呼びかけ〟の場合でも約11万7千人、早期の避難率が低い場合には約23万人にも上ります。

急傾斜地崩壊による死者も「冬の深夜」が最も多く約600人です。地震火災による死者は「冬の夕方」で平均風速、風速8メートル/秒だった場合、それぞれ約2万1千人、2万2千人となっています。ブロック塀・自動販売機の転倒、屋外落下物による死者は多くの人が帰宅途中の時間帯である夕方で最も多く、約800人となっています。

以上の合計死者数を見ると、最も多いのは、冬の深夜、風速8メートル/秒、津波の早期避難者の割合が低い場合で、約32万3千人となっています。この数は東日本大震災の時の約15倍になります。それだけ多くの犠牲者が出る可能性があるということです。

② 要救助者数

揺れに伴って建物内に閉じ込められる人も出てきます。自分で脱出できない人、要救助者数は「冬の深夜」で約31万1千人、また津波による要救助者も「夏の昼間」で最大3万6千人と多く、救助に時間がかかると命を落としてしまう可能性があります。

負傷者もやはり「冬の深夜」が一番多く約62万3千人、しかし「夏の昼間」も「冬の夕方」も50万人以上と多くの人が負傷する可能性があります。医療体制が不十分だとこの人たちも命を落とす可能性があります。

このように、多くの人が命を落としたり負傷したりする可能性があり、一人ひとり、家族がそして地域の人がケガをしない、命を落とさない方法をしっかりと考えて備える必要があります。

3 ライフライン、交通機関の被害（第二次被害想定結果より）

２０１３年3月に発表された第二次被害想定結果には、ライフライン、交通施設被害、生活への影響、災害廃棄物等、その他の被害、被害額の想定結果が公表されてい

表2-2 南海トラフ地震によるライフライン被害結果

	東海3県 静岡、愛知、三重	近畿3府県 和歌山、大阪、兵庫	山陽3県 岡山、広島、山口	四国4県 香川、徳島、高知、愛媛	九州2県 大分、宮崎
電気（停電）	約9割	約9割	約3〜7割	約9割	約9割
通信（通話支障）	約9割	約9割	約3〜6割	約9割	約9割
上水道（断水）	約6〜8割	約4〜6割	約2〜5割	約7〜9割	約9割
下水道（利用困難）	約9割	約9割	約3〜7割	約9割	約9割
都市ガス（供給停止）	約2〜6割	最大約1割	最大約1割	約2〜9割	約3〜4割

内閣府 HP「南海トラフ巨大地震の被害想定について」より

ます。ここではライフラインと生活の影響について簡単に説明します。

①ライフライン

ライフラインの被害想定結果を**表2－2**に示します。いずれも地震発生直後の数値です。**東海3県、近畿3府県、四国4県、九州2県では電気、通信、下水道の利用に9割近く障害が生じる**ほか、山陽3県にも被害が及ぶことから、西日本のライフラインは非常に広い範囲にわたって使えなくなることがわかります。

さらに詳しく知りたい方は各都府県も独自に被害想定を行い、ホームページ等で公開していますので、ぜひ各地域の被害

表2-3　南海トラフ地震による生活への影響

避難者	避難所への避難者は１週間後に最大で約 500 万人
帰宅困難者	中京・京阪神都市圏で約 1,060 万人に上ると想定
物資	食料の不足量は、発災後３日間の合計が最大で約 3,200 万食。飲料水の不足量は発災後３日間の合計が最大で約 4,800 万リットル。毛布の不足数は最大で約 520 万枚。
医療関係	被災都府県で対応が難しくなる患者数は最大で入院が約 15 万人、外来が約 14 万人と想定。
閉じ込め	住宅、オフィスの被災及び停電により、エレベータ内への閉じ込め事故が多数発生し、最大で約２万３千人が閉じ込められると想定。

内閣府 HP「南海トラフ巨大地震の被害想定について」より

想定を確認してみてください。

②生活への影響

表２−３に生活への影響をまとめて示します。**５００万人が避難所生活を送り、帰宅困難者が１０００万人を超え、さらに物資の不足、医療体制の崩壊によって数十万人が十分な治療を受けられないことが想定されています。**

資産などの被害は民間部門で１４８・４兆円、準公共部門０・９兆円、公共部門20・２兆円の計１６９・５兆円、さらには経済活動への影響があり、生産・サービス低下や交通寸断に起因するものなど計67・７兆円、合計すると２３７兆円に上ると想定されています。国家予算のおよそ2年分が瞬時にして消えてしまうという計算になります。

2 地震被害想定とは

一刻も早く数字で実態を知ってもらいたいということから先に被害想定結果を説明しました。なんとなく規模感はおわかりになったでしょうか。順番が逆になりますが、ここでは先程の被害想定の図表に対して、どのような工程で作成されているのか補足いたします。**図2－4**は地震被害想定のフローチャートです。この図は私の経験を基に描いたもので、実際はもっと複雑になります。

すでに述べたように、被害想定には多くの前提条件と限界があります。たとえば、地震の発生は断層の全面が同時に破壊する（断層がずれる、あるいはすべるともいわれます）のではなく、断層面内の1点で破壊がはじまります。その破壊が断層のどこからはじまって（震源）、破壊がどのようにどこまで伝わるのか、また断層のずれの量（すべり量

図2-4 地震被害層のフローチャート

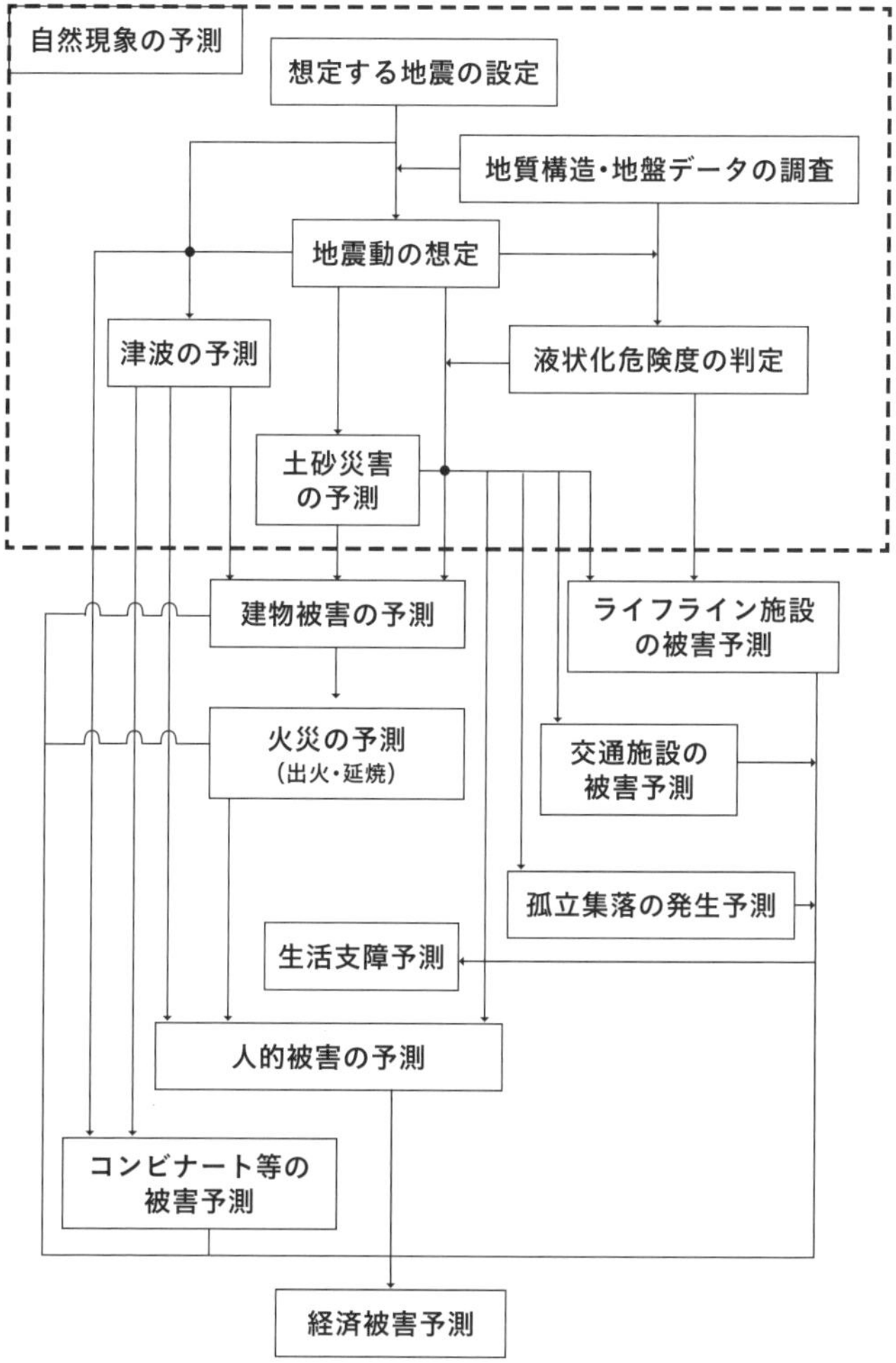

ともいいます）がどのように分布するのかといった、いわゆる地震の発生メカニズムは仮定せざるを得ません。38ページの断層モデル、津波モデルがこれにあたります。

また、発生した地震によって四方八方に広がる地震波がどのように伝わるのか、それによる地盤の揺れはどうなのか、これらは地下深い地殻の構造や、地表面に近い地層の構造や硬さなどの影響を大きく受けますが、地下の構造が十分な精度でわかっているわけではありません。これらもボーリングデータなど限られた情報から地殻地盤モデルを作る必要があります。

このように被害想定を実施する上での科学的な課題は多く残されています。したがって、科学的にこれまでわかっていることに基づいて定量化することができる事項は限られており、それらに対しては何とか定量的に算定されますが、それですらいくつかの仮定があります。たとえば震度と家屋が全壊する割合（全壊率）との間には、同じ震度であっても、いつ建てられたか、どのような材料を使ってどのような構造をしているか、どのような地盤の上に建てられているかなどによって大きなばらつきがありますが、コンピュータでシミュレーションするためにエイヤッと一本の線で両者の関係を表して算出しているのです。この一本の線を被害関数といいます。

先程の項でも登場した被害想定は、通常、「冬の深夜」、「夏の昼間」、「冬の夕方」の3ケースに対して行われ、それぞれ風速が比較的小さいケースと強風時の2ケース、計3×2＝6ケースについて行われます。ここで、「冬の深夜」はみんなが寝ている時間で、阪神・淡路大震災がこれに相当します。「夏の昼間」は昼食時で火を使っている家庭が多く、また海水浴をしている人が多い時間帯です。関東大震災はこの時間帯に起きました。「冬の夕方」は通勤時間帯で交通量が多く、かつ夕食の支度で火を使っている家庭が多い時間帯です。また風速を2通り仮定しているのは、風速によって延焼規模が異なり、火災による被害が異なるからです。

想定される被害は、建物被害（全壊、半壊、一部損壊、全焼など）、人的被害（死者、負傷者、重傷者）、ライフライン（電気、ガス、上下水道、通信）、交通（道路、鉄道）、そして経済被害など、非常に多岐にわたっています。これらが市区町村ごとに求められます。

被害想定結果が公表されると、マスコミなどが取り上げます。それを見聞きした一般の人の中に、被害想定結果と同程度の被害が必ず出るものと勘違いする人がいますが、想定結果の数字は様々な仮定の上に、また過去の被害調査結果を基に前述の被害関数を使って、「今地震が起きたら」という前提で出てきた数です。

このような**被害想定は決して人々を脅すために行われているのではなく、どのような原因で被害が出るかを明らかにし、その原因を取り除く、すなわち対策を実施することによって、被害をできるだけ小さくするために行っているもの**です。被害想定を知ることによって、できるだけ被害を少なくすることが目的なのです。

3 国などが行う南海トラフ巨大地震への備えと対応

ここでは国などがどのような対策を行っているかを見てみましょう。

1 応急活動

「南海トラフ地震における具体的な応急対策活動に関する計画の概要」が2015年3月に中央防災会議幹事会で決定され、その後2023年5月に改定が行われています。**図2-5**は2023年5月に改定されたものを簡単に示したものです。以下の5つの項目があります。

図2-5　南海トラフ地震における具体的な応急対策に関する計画の概要

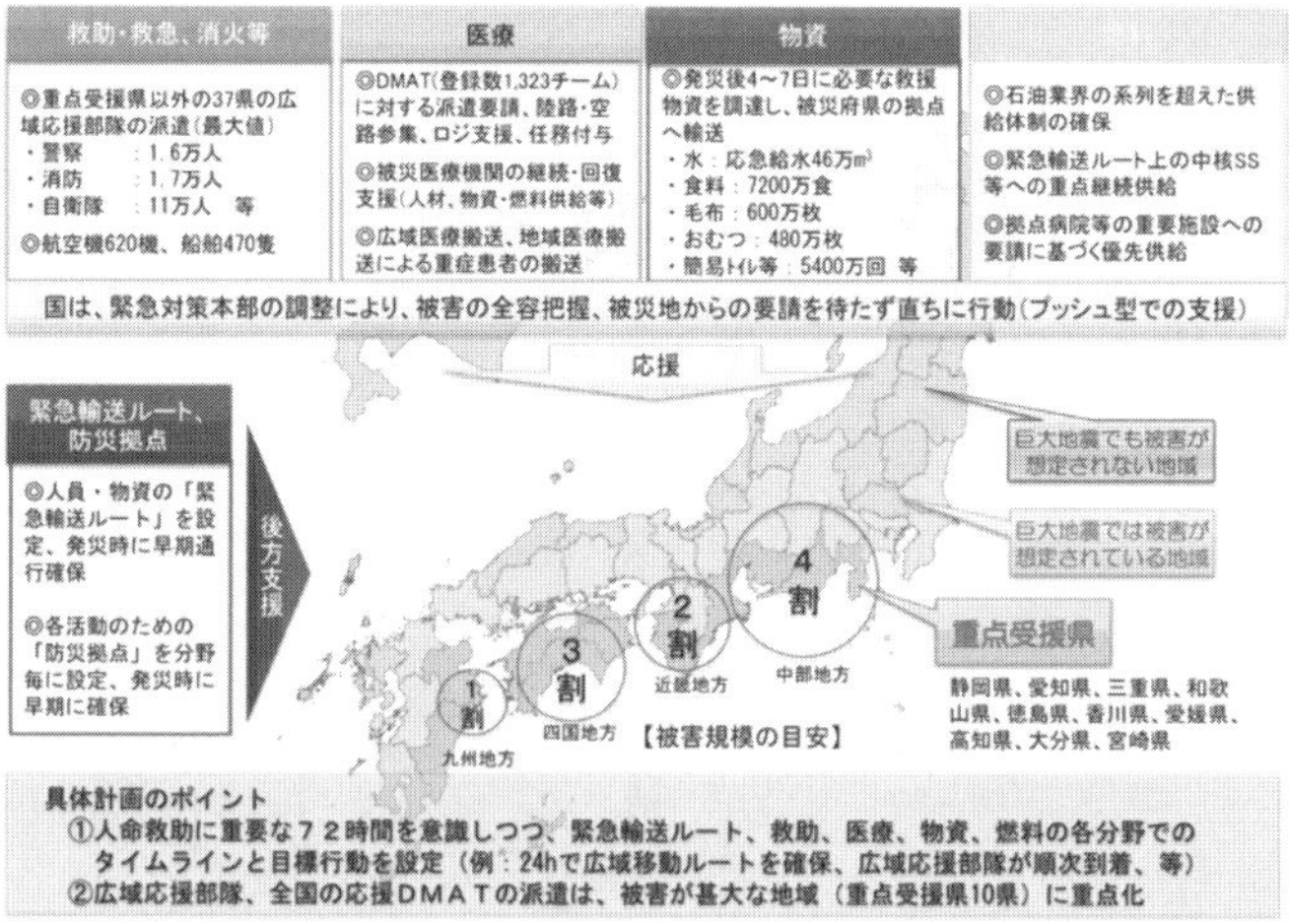

①「救助・救急、消火等」、②「医療」、③「物資」、④「燃料、電気・水道・ガス、通信」。そしてこれらの活動を後方支援する⑤「緊急輸送ルート、防災拠点」です。以下、これらを簡単に説明します。

① 救助・救急、消火など

被災地でまず求められるのが被災者を救助する警察、消防、自衛隊です。倒壊した家屋からの救助、崩落した土砂からの救助、津波によるがれきからの救助など人命救助に直結する第一線で活動をします。また、そのような活動を安全に遂行できるように、専門的な立場から被害状況の迅速な把握、被害の発生および拡大の防止、早期復旧を支援する国土交通省の専門家集団ＴＥＣ－ＦＯＲＣＥも派遣されます。

日本全国から最大で警察約1・6万人、消防約1・7万人、自衛隊約11万人、ＴＥＣ－ＦＯＲＣＥ約1360人の派遣が想定されています。その際、航空機約６２０機、船舶約４７０隻も導入予定です。ただしこれらは陸海空の輸送ルートが確保されることが前提となります。

災害が大規模になればなるほど自己完結型の自衛隊の力が威力を発揮します。それも一刻を争います。自衛隊派遣の要請ができるのは１９９５年の阪神・淡路大震災以前は都道府県知事だけでしたが、現在は市町村長も要請することが可能となっています。さらに、１９９５年以前は要請がなければ自衛隊は出動できなかったのですが、現在は必要に応じて自主的に支援活動に出動できるようになっています。

② 医療

大規模災害に伴って**多数の傷病者が発生した場合、おおむね48時間以内に活動できる機動性**を持ち、専門的な訓練を受けた災害派遣医療チームＤＭＡＴ（Disaster Medical

Assistance Team）が派遣されます。ＤＭＡＴは医師、看護師、事務職員で構成され、大規模災害時に全国から派遣され、臨時医療施設ＳＣＵ（Staging Care Unit）として、広域医療搬送、病院支援、トリアージ、緊急治療などの現場医療活動を行います。現在約１３２３チームが登録されています。

最近はＤＭＡＴに加え、被災地に入り、心のケアなどを行うための専門的な精神医療チームとして災害派遣精神医療チームＤＰＡＴ（Disaster Psychiatric Assistance Team）、公衆衛生を担う医師や保健師、栄養士らで構成され、ＤＭＡＴやＤＰＡＴなどの調整役、避難の長期化に備えた被災者対策を行う災害時健康危機管理支援チームＤＨＥＡＴ（Disaster Health Emergency Assistance Team）、要配慮者の避難生活以降予測される生活困難から命を守るために福祉避難所、介護保険事業所等でケア、福祉ニーズの把握と情報発信などを行う災害介護派遣チームＤＣＡＴ（Disaster Care Assistance Team）など様々な専門家チームも順次派遣されます。

③ 物資

発災後４〜７日の間に必要な救援物資を調達し、被災府県の拠点へ輸送します。飲料水、食料、毛布、トイレットペーパーなどの幅広い生活必需品が対象となります。

ここで重要なのは、発災後4〜7日で必要な救援物資を調達したのち、輸送がはじまるということです。すなわち早いところでも発災後4日以降でないと物資が届かない可能性が高いということです。したがって、**各家庭では最低でも1週間分以上の必要物資を備えておくことが必要**になります。よく3日間分の備蓄が必要と言われますがそれでは足りません。

④燃料、電力・ガス、通信

自家発電、自動車の利用など、何をするにも燃料が必要になります。石油、ガソリンといった燃料に関しては、東日本大震災の教訓を活かして、石油業界の系列を超えた供給体制の確保、また停電でも給油ができる緊急輸送路上の中核サービスステーション等への重点継続供給などが行われます。

電力・ガスは病院などの重要施設への電源車、移動式ガス発生設備等による臨時供給が行われます。また通信関係では、重要施設への**通信端末の貸与、移動基地局車、可搬型の通信機器等などによる通信の臨時確保**が行われます。

さらには地域に密着した災害情報提供のための**臨時のFM放送局**も阪神・淡路大震災以後、大きな災害時には立ち上げられました。そしてそれがそのまま地域の情報機関、コミュニティFM放送局として防災上重要な役割を果たしています。

⑤緊急輸送ルート、防災拠点

①～④の活動がスムーズに行えるように、人員・物資の「緊急輸送ルート」および様々な活動のための「防災拠点」を設置しておき、発災後ただちに早期通行確保を行い、防災拠点の機能を発揮させることが極めて重要になります。

いま全国に**「道の駅」がありますが、ここを防災拠点にする**という動きがあります。特に**国土交通省は「防災道の駅」を指定し、特に防災拠点としての機能の充実**を図っています。

災害が発生したときには、緊急輸送ルートの道路はもちろん、防災拠点に行く、海路を使う、空路を使うにしてもまず港や空港、ヘリポートまで行きつくための道路を通行できるようにする（これを道路の啓開《けいかい》といいます）ことが必要です。その啓開作業をするのはまずはその地域の建設業者が行わざるを得ません。地域の建設業者が被災すると啓開作業は大幅に遅れます。そこで**国土交通省は地域の建設業者に事業継続計画BCP（Business Continuity Plan）の策定を勧め、認定制度を設けて**います。

また、高速道路は災害時の人員・物資を運ぶのに非常に重要な役割を果たします。ただ現在は暫定対面2車線の路線が多く、少しでも道路に被害が出ると使えなくなります。まさに東日本大震災、能登半島地震で起こったことです。そのためには片側2車線、両面4車線の高速道路の整備は喫緊の課題と言えます。

また能登半島地震では斜面崩壊などで道路が寸断し、海岸線の隆起で港が使えない、空港の被災や悪天候で飛行機やヘリコプターが飛べない、といった様々な不都合な事態が起こりました。このようなとき、どこでどのような被害が生じているか、その状況を一刻も早く知ることが極めて重要になります。そのような観点から、衛星データを使った道路の被災情報や河川の閉塞（せき止め）情報、斜面崩壊情報などの提供が行われました。**今後、災害時の衛星データの活用はますます盛んになる**と期待されています。衛星データの防災への活用については第4章で述べます。

2 「南海トラフ地震臨時情報」について知っておこう

２０２４年8月に日向灘で起こった地震で、初めて「南海トラフ地震臨時情報」が出されました。ここでは「南海トラフ地震臨時情報」について説明します。

本章の最初に案内した被害想定結果は、南海トラフの震源域全域が一度に破壊した場合のものです。しかしながら過去の例では１７０７年の「宝永地震」のように震源域全域が一度に破壊した例はむしろ少なく、多くの場合、紀伊半島沖を境にその東側と西側に分かれて、少し時間をおいて起こっています。実際、室町時代初期に起こった１３６１年の「正平東海地震」と「正平南海地震」では2日間、幕末１８５４年の「安政東海地震」と「安政南海地震」では32時間の差があり、１９４４年の「昭和東南海地震」と１９４６年の「昭和南海地震」との間には2年の差があります。このように南海トラフで起こる地震には多様性があります。

このことを考えて、**気象庁は２０１９年5月に、南海トラフ沿いで大規模な地震が起こる可能性が平常時と比べて高まったと考えられる場合には、「南海トラフ地震臨時情報」を発表**することにしたのです。

ここで、「大規模な地震が起こる可能性が平常時と比べて高まったと考えられる場合」とは、南海トラフ巨大地震の震源域内に比較的大きな地震が起こったときや、南

図2-6　「南海トラフ地震臨時情報」発表の流れ

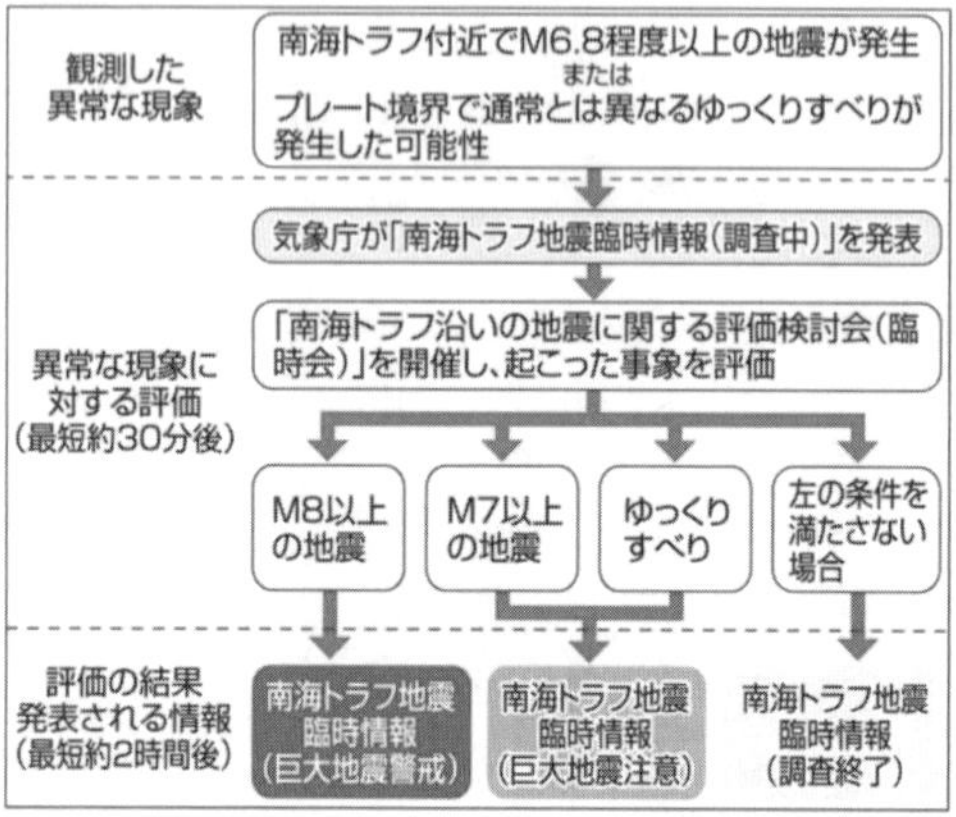

気象庁の図から作成

海トラフの巨大地震を想定して設置してある海底地震計や津波計などに異常（以下に述べる「ゆっくりすべり」など）が観測されたときなどを指します。基本的にはM7以上の地震が起こるとその対象になりますが、実際にはマグニチュードにも誤差があるので、M6・8から検討に入ります。

図2-6は、「南海トラフ地震臨時情報」発表の流れです。まず、①M6・8以上の地震が南海トラフ巨大地震の震源域で起こったり、②大きな揺れや津波は生じないけれども、プレートの境界がゆっくりずれる「ゆっくりすべり」などが観測されると、気象庁が「南海トラフ

表2-4　臨時情報が出されたときの対応

	南海トラフ地震臨時情報（巨大地震警戒）	南海トラフ地震臨時情報（巨大地震注意）	南海トラフ地震臨時情報（調査終了）
（最短）2時間程度	▪ 日頃からの地震の備えの再確認に加え、地震が発生したらすぐに避難するための準備 ▪ 地震発生後の避難では間に合わない可能性のある住民は1週間は事前避難	▪ 日頃からの地震の備えの再確認に加え、地震が発生したらすぐに避難するための準備	▪ 大規模地震発生の可能性がなくなったわけではないことに留意しつつ、地震の発生に注意しながら通常の生活を行う
1週間	▪ 日頃からの地震の備えの再確認に加え、地震が発生したらすぐに避難するための準備	▪ 大規模地震発生の可能性がなくなったわけではないことに留意しつつ、地震の発生に注意しながら通常の生活を行う	
2週間	▪ 大規模地震発生の可能性がなくなったわけではないことに留意しつつ、地震の発生に注意しながら通常の生活を行う		

内閣府 HP「南海トラフ巨大地震の被害想定について」より

地震臨時情報（調査中）」を発表し、「南海トラフ沿いの地震に関する評価検討会」が招集され、検討が行われます。

その検討結果、M8以上の地震であれば「南海トラフ地震臨時情報（巨大地震警戒）」、M7以上の地震あるいは「ゆっくりすべり」だと「南海トラフ地震臨時情報（巨大地震注意）」、それ以外だと「南海トラフ地震臨時情報（調査終了）」という情報が発表されます。

日向灘で起こった地震はM7以上の地震だったので、「南海トラフ地震臨時情報（巨大地震注意）」が出されたというわけです。

この「南海トラフ地震臨時情報」が出

図2-7　南海トラフ地震の多様な発生形態に備えた防災対応ガイドライン

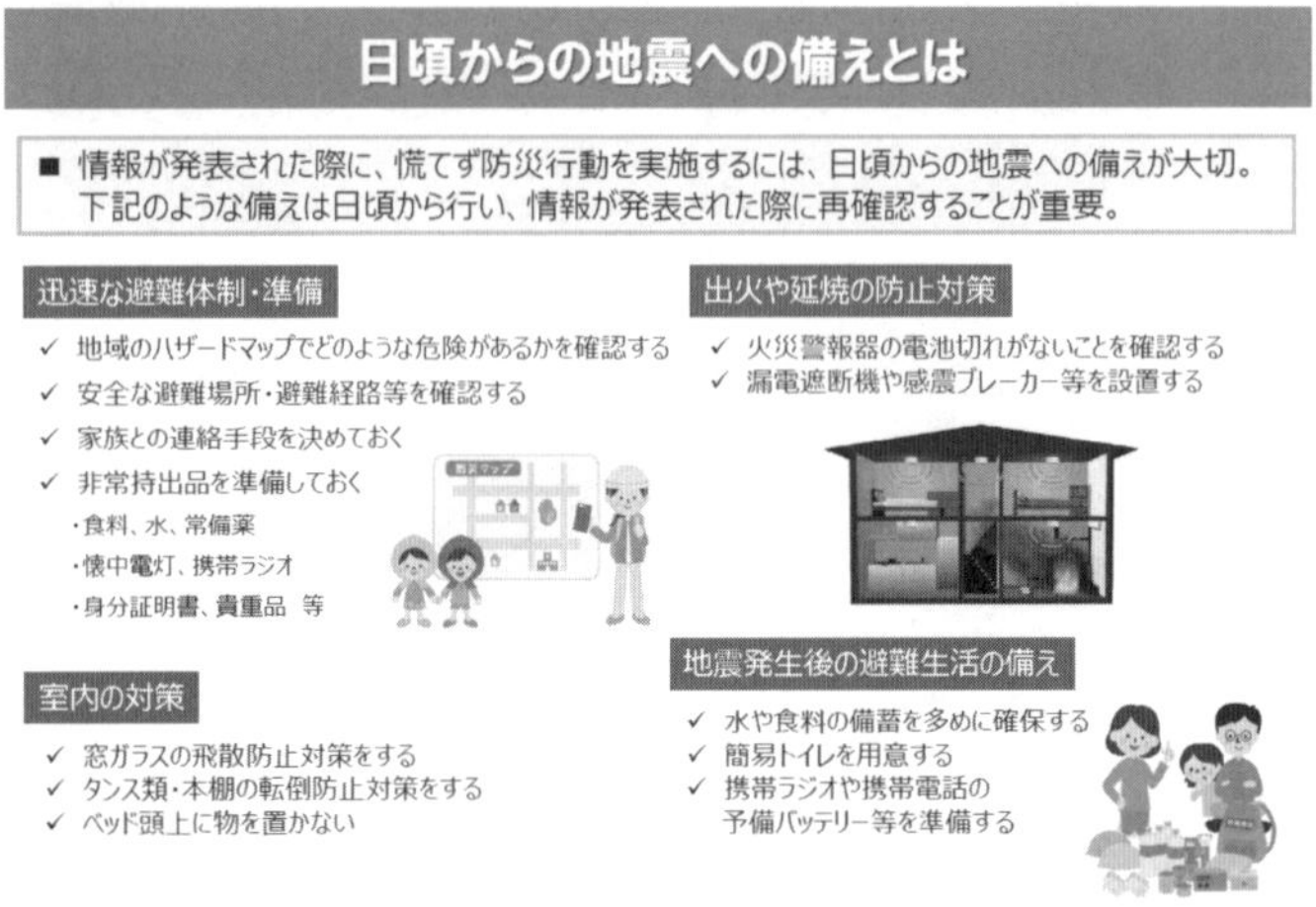
日頃からの地震への備えとは
■ 情報が発表された際に、慌てず防災行動を実施するには、日頃からの地震への備えが大切。
下記のような備えは日頃から行い、情報が発表された際に再確認することが重要。
迅速な避難体制・準備
✓ 地域のハザードマップでどのような危険があるかを確認する
✓ 安全な避難場所・避難経路等を確認する
✓ 家族との連絡手段を決めておく
✓ 非常持出品を準備しておく
・食料、水、常備薬
・懐中電灯、携帯ラジオ
・身分証明書、貴重品 等
出火や延焼の防止対策
✓ 火災警報器の電池切れがないことを確認する
✓ 漏電遮断機や感震ブレーカー等を設置する
室内の対策
✓ 窓ガラスの飛散防止対策をする
✓ タンス類・本棚の転倒防止対策をする
✓ ベッド頭上に物を置かない
地震発生後の避難生活の備え
✓ 水や食料の備蓄を多めに確保する
✓ 簡易トイレを用意する
✓ 携帯ラジオや携帯電話の
予備バッテリー等を準備する

内閣府HPより

されたときの対応は、内閣府の資料によると**表2－4**のようになります。より具体的な地方自治体の対応例については、このあとで紹介します。

表には「日頃からの地震の備えの再確認」ということが言われていますが、これはどういうことを指しているでしょう。具体的には**図2－7**を参考にするとよいでしょう。日頃からよく言われていることで、ハザードマップから危険地域を知っておくことや、安全な避難場所・避難経路を確認しておくなど、特別なことではありません。当たり前のように実行していくことがとても大切なのです。

3 知っておきたい緊急地震速報のこと

①緊急地震速報の種類

最近は大きな地震が起こると緊急地震速報がすぐに出されます。この緊急地震速報は、地震の揺れから身の安全を守るために、強い地震の揺れが襲って来ることを事前に知らせることを目的に、2007年10月1日から気象庁がはじめています。超高層ビルの揺れなどが関係する長周期地震動階級については2023年2月1日から追加されました。

緊急地震速報には「警報」と「予報」の2種類があり、私たちがテレビやラジオ、スマートフォンなどで見聞きする緊急地震速報は「警報」のほうです。「予報」のほうは後述するように少し特別な使われ方をされています。

②緊急地震速報の原理と発表内容

地震波にはP波（Primary「最初の」という意味の頭文字）とS波（Secondary「2番目の」という

意味の頭文字）があり、P波の方がS波より速く伝わります。一方、強い揺れによって被害が生じるのは主に後から伝わってくるS波です。この地震波の伝わる速度の差を利用して、先に伝わるP波を検知した段階でS波が伝わってくる前に危険が迫っていることを知らせることが可能になります。

速報は、この地震波が2点以上の地震計で観測され、最大震度が5弱以上または最大長周期地震動階級が3以上と予想された場合に発表されます。その内容は次の通りです。

・地震の発生時刻、発生場所（震源）の推定値、地震発生場所の震央地名

・強い揺れ（震度5弱以上または長周期地震動階級3以上）が予想される地域及び震度4が予想される地域名（全国を約200地域に分割）

その際、予測震度や予測長周期地震動階級の値は、±1程度の誤差を伴うことから、これらの具体的な数値は発表せず、「強い揺れ」と表現されます。また、震度4以上と予想された地域まで含めて発表されるのは、震度を予想する際の誤差のため実際には5弱である可能性があることと、震源域の断層運動の進行により、しばらく後に5弱となる可能性があるという理由によります。

③ 緊急地震速報の「予報」が発表される条件と内容

緊急地震速報でも予報のほうは、各家庭というより工場などの機器制御などへの活用のほか、大きな揺れの到達予想時刻などを表示するためにも利用されます。その内容・発表条件は次の通りです。

・地震の発生時刻、地震の発生場所（震源）の推定値
・地震の規模（マグニチュード）の推定値
・予測される最大震度が3以下のときは、最大予測震度
・予測される最大震度が4以上または長周期地震動階級1以上のときは、地域名に加えて、その地域の揺れの大きさの予測値（予測震度、予測長周期地震動階級）
・その地域への大きな揺れ（主要動）の到達時刻の予測値（主要動到達予測時刻）

緊急地震速報（予報）は迅速性、そしてその地域への大きな揺れ（主要動）の到達時刻の予測値も発表されますから、企業のBCP（94ページ参照）などへの利用は非常に有効と考えられます。

4 地方自治体の対応はどうなっているか

1 都道府県独自で詳細な被害想定を実施

国の被害想定は国全体を対象にして行われますから、結果もやや大まかにならざるを得ません。そこで、**都道府県はより詳細なデータ、たとえば最新の地盤データ、土地利用データ、住居データなどを用いて、独自に被害想定を行います**。その際、国が用いた想定断層モデルや津波モデルはほぼそのまま使われます。この独自に行われた被害想定を基に、防災・減災のための防災計画、行動計画・アクションプランが各自治体によって策定され、施策に反映されます。

ここでは東海地震の危険性が指摘され、早い段階から東海地震に備えてきた静岡県の例と、非常に高い津波が地震発生直後に広い範囲を襲う可能性のある高知県の例を紹介します。両県以外にお住まいの方も大変参考になると思います。またご自分がお住まいの都府県のホームページでもぜひ確認することをお勧めします。

2 行動計画（アクションプラン）の策定と実行

①静岡県の例

静岡県は「静岡県地震・津波対策アクションプログラム2013」を掲げて対策を進めてきており、2022年度で10年間の期限を迎えたことから、2023年度以降の新たな行動計画を策定しています。**図2-8**に「地震・津波対策アクションプログラム2023」の概要を示します。ちなみにアクションプラン（プログラム）とは、目標を達成するために必要な行動を細かく示したものです。

このアクションプログラムは「基本理念」、「基本目標」、「施策分野」の3段階からなっています。計画期間は、2023年度から2032年度までの10年間で、そのうち2025年度までの3年間を、想定犠牲者の9割減災を目指して集中的に取り組む期間としています。減災及び被害後も健全に生活できる社会の実現を達成するため、139のアクションを盛り込み、アクションごとに具体的な取り組み及び達成すべき数値目標を定めています。

図2-8　「静岡県地震・津波対策アクションプログラム」の概要

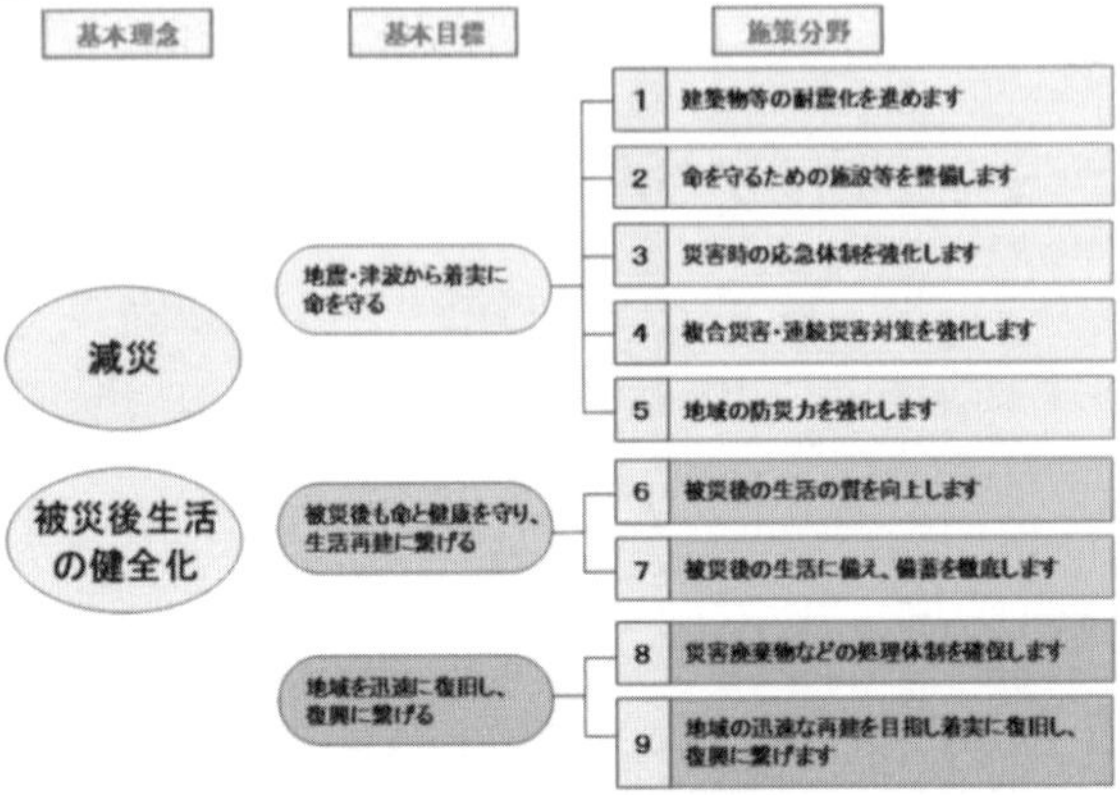

静岡県「地震・津波対策アクションプログラム2023」より

表2－5は「地震・津波対策アクションプログラム」2013年版と2023年版の内容を比較したものです。最新バージョンでは、想定犠牲者数を8割減少から9割減少と数値目標を高くするとともに、生活の質の向上、実現のためのスピードアップが図られています。

②高知県の例

続いて高知県の例です。高知県は「高知県南海トラフ地震対策行動計画（第5期・令和4～6年度）」を策定しています。**表2－6**はその全体像です。

こちらは大きく分けて、事前の備えである「命を守る」、災害直後の対応であ

表2-5　静岡県地震・津波対策アクションプログラム2023の施策体系（一部）

名称	地震・津波対策 アクションプログラム 2013	地震・津波対策 アクションプログラム 2023
期間	平成 25 年度～令和 4 年度（10 年間）	令和 5 年度～令和 14 年度（10 年間）
基本理念	人命を守ることを最も重視し、地震・津波対策を充実･強化することにより、「減災」を目指す	犠牲者の最小化・減災効果の持続化とともに、被災後も命と健康を守り、健全に生活できる社会の実現
減災目標	▪ 想定される犠牲者を令和 4 年度までの 10 年間で、8 割減少させることを目指す	▪ 令和 7 年度までの 3 年間で想定犠牲者の 9 割減災を達成し、その後も 9 割以上の減災を維持する ▪ 令和 14 年度までの 10 年間で被災後生活の質的向上により、被災者の健康被害等の最小化を図る
基本目標	①地震・津波から命を守る ②被災後の県民生活を守る ③迅速かつ着実に復旧・復興を成し遂げる	①地震・津波から着実に命を守る ②被災後も命と健康を守り、生活再建に繋げる ③地域を迅速に復旧し、復興につなげる

静岡県公式 HP より

る「命をつなぐ」、そして復旧・復興の段階の「生活を立ち上げる」の３つのフェーズから計画を立てています。

「命を守る」は静岡県のアクションプログラムにもあった基本目標「地震・津波から着実に命を守る」に対応しており、「命をつなぐ」は「被災後も命と健康を守り、生活再建につなげる」に、「生活を立ち上げる」は「地域を迅速に復旧し、復興につなげる」にそれぞれ対応しているようです。それぞれを詳しく見ていきましょう。

１）フェーズ「命を守る」

「揺れ対策」で書かれている「住宅の耐震化・ブロック塀対策」では補助制度や

表2-6　高知県南海トラフ地震対策行動計画（一部）

命を守る	揺れ対策	津波対策	火災対策
	▪ 住宅の耐震化・ブロック塀対策 ▪ 公共施設等の耐震化 ▪ 室内の安全確保対策等	▪ 避難対策 ▪ 津波・浸水被害の軽減 ▪ 要配慮者施設の高台移転	▪ 市街地の大規模火災等への対策 ▪ 津波火災への対策
	県民への情報提供・啓発の促進		
命をつなぐ	応急活動対策	被災者・避難所対策	医療救護対策
	▪ 輸送対策 ▪ 応急活動体制の実効性の確保 ▪ ライフライン対策 ▪ 燃料確保対策 ▪ 長期浸水対策の推進	▪ 避難所の確保と運営体制の充実 ▪ 福祉避難所の確保 ▪ 備蓄の促進 ▪ 保健・衛生活動の充実	▪ 前方展開型の医療救護体制の確立 ▪ 透析患者等への支援対策
	受援態勢の整備…各種受援計画の確保		
生活を立ち上げる	まちづくり	くらしの再建	産業の復旧・復興
	復興組織体制の整備		
	▪ 地籍調査 ▪ 復興グランドデザインの検討 ▪ 住宅の確保	▪ 災害廃棄物の処理 ▪ 社会福祉施設の BCP 策定 ▪ 災害ケースマネジメント体制の構築	▪ 農業の復旧・復興 ▪ 林業の復旧・復興 ▪ 水産業の復旧・復興 ▪ 商工業の復旧・復興 ▪ 菅工業の復旧・復興

高知県公式 HP より。資料は第 5 期（令和 4 ～ 6 年度）

低コスト工法の普及による所有者負担の軽減を、「公共施設等の耐震化」では医療・社会福祉施設などを対象に耐震化が進められています。

「津波対策」にある「避難対策」では、津波避難タワーや津波避難ビルなどの整備、避難路の安全対策や要配慮者の個別避難計画の作成が実際に行われています。「津波・浸水被害の軽減」では港湾・河川・海岸堤防の耐震化が進められています。

「火災対策」にある「市街地の大規模火災等への対策」では街頭消火器、可搬式ポンプの整備、感震ブレーカーの周知及び啓発が、「津波火災への対策」では石油基地等の地震・津波対策、農業用燃料タンクの対策が進められています。

2）フェーズ「命をつなぐ」

「応急活動対策」のうち、「輸送対策」では道路啓開計画の実効性の確保、市町村物資配送計画の作成が行われ、「長期浸水対策の推進」では住民避難、救助・救出、医療対策などが進められています。**図1－4**で1946年の昭和南海地震後に高知市の市街地のほとんどが浸水している写真を紹介しましたが、今度の地震でも地盤が沈下し、ビルの1階は浸水することが想定されます。この対策は高知市にとって極めて重要な対策となります。

「被災者・避難所対策」の「避難所の確保と運営体制の充実」では、広域避難の実効性の確保、避難所運営マニュアルのバージョンアップ、避難所運営訓練の実施、要配慮者対応の充実、DPAT、DWATの養成、実効性の確保が進められています。

「医療救護対策」の「前方展開型の医療救護体制の確立」では、後方支援がすぐには難しいとの観点から、医療機関の災害対応能力の強化、DMATの養成、災害医療を担う人材の育成、医療従事者を地域に搬送する仕組みづくりといった取り組みが行われています。

3）フェーズ「生活を立ち上げる」

「まちづくり」のうち「復興グランドデザインの検討」では市町村の事前復興まちづくり計画の取り組み、「住宅の確保」では応急仮設住宅の供給体制の習熟訓練、建設・建築業者のＢＣＰ策定を促進しています。

「くらしの再建」のうち「社会福祉施設のＢＣＰ策定」、「災害ケースマネジメント体制の構築」では生活再建支援メニューの整理、個別支援体制の構築などが進められています。

「産業の復旧・復興」では、各事業者のＢＣＰの策定、各産業の復興に係る業務手順の策定、復興業務の実効性確保に係る検討などが盛り込まれています。様々な業種が南海トラフ巨大地震という敵の姿を明確にしたうえで、形式的ではなく、実効性のあるＢＣＰを策定することが極めて重要です。この行動計画には、〝実効性のある〟という文言が繰り返し出てきます。

3 各地で行われる建物の耐震化の推進と津波対策の整備

静岡県や高知県に限らず、**どの自治体も構造物に対する対策**（ハード対策）**について建物の耐震化、不燃化を進めており、多くの自治体が補助制度を設けて**います。ぜひ、ご自分の地元自治体がどのような補助制度を設けているか確認をして、必要であれば活用することをお勧めします。

南海トラフ巨大地震が発生すると、大きな津波の襲来が予測されます。政府は地方自治体と連携しながら、津波対策として、防潮堤の建設、津波避難タワーの建設、津波避難路の整備、津波避難ビルの設置などのハードの整備を進めています。

図2－9は静岡県の静岡モデルと呼ばれる堤防整備の考え方を示します。この静岡モデルというのはレベル1を超える津波に対しては、地域住民の合意などを得て、既存の防災林等のかさ上げ・補強等による整備方式です。ここで「レベル1津波」とは、東日本大震災の前に想定されていた東海地震による津波レベル、「レベル2津波」とは東日本大震災後に想定されている南海トラフ巨大地震による津波レベルです。

図2-9　静岡モデルの津波防波堤整備イメージ

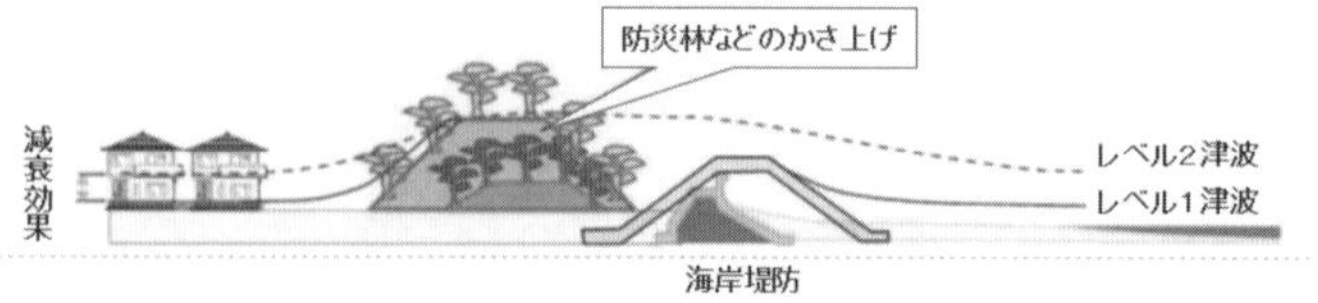

静岡県 HP より

図2-10　津波に対するハードの整備例（高知県）

〔津波避難路〕

〔津波避難場所〕

〔津波避難タワー〕

〔津波シェルター：H28.8完成〕

内閣府 HP「南海トラフ地震に立ち向かう高知県の挑戦」より

図２－10は高知県の各種津波ハード対策の例です。

４ 避難訓練や防災教育の実施

前項の構造物の整備と同様に、各地方自治体では津波ハザードマップの作成や情報提供システムなどのソフト対策を進めています。また地域住民に対して、学校や地域で定期的な避難訓練や防災教育を実施し、地域住民の防災意識の向上、防災力の向上を図っています。

さらには**防災ガイドブック、パンフレットなどを作成し、その配布やそれらを使った防災学習を実施**し、日頃からの備え、住民への避難経路や避難所の確認、避難所運営の仕方、緊急時の連絡手段の確保などの啓発を行い、**個人や地域コミュニティの防災力向上を図っています**。ご自身の住む地域にもきっとありますので、ぜひ参考にしてください。以下に静岡県と高知県の例を紹介します。

① 静岡県『ふじのくに防災ガイドブック』

図２－11は静岡県の『ふじのくに防災ガイドブック』です。このガイドブックは静

図2-11 静岡県『ふじのくに防災ガイドブック』の一部

静岡県HPより

岡県地震防災センターが発行しています。私は何度もこのセンターを訪れていますが、地震や津波に対する知識、対策などが非常にわかりやすく展示されています。また資料も備えてあります。機会があればぜひ訪れてみてください。

このガイドブックは、「Ⅰ地震・津波対策編」、「Ⅱ風水害対策編」、「Ⅲ火山災害対策編」、「Ⅳ日頃の備え編」、の4部から構成されています（表2－7に一部掲載）。

静岡県は1976年に発表された東海地震説以来、約50年にわたってハード、ソフト対策を進めており、そのことが随所に現れています。その1つが、前項

表2-7　『ふじのくに防災ガイドブック』の構成（I、IVの目次より）

I 地震・津波対策編	IV 日頃の備え編
1. 過去の地震災害に学ぼう (1)主な地震被害 (2)静岡県周辺で起こった大きな地震 2. 想定される大地震とは 3. 地震の被害想定 (1)静岡県第４次地震被害想定 (2)静岡県で想定される震度 (3)静岡県で想定される津波 (4)被害想定 (5)ライフラインの支障等 4. 静岡県の地震対策 5. 南海トラフ地震に関連する情報 6. 地震や津波による被害 (1)強い揺れから命を守る (2)津波から命を守る (3)緊急地震速報	1. 被災後の生活 (1)避難所での正確 (2)自宅での避難生活 (3)その他の避難生活 2. 自分と家族を守る【自助】 (1)耐震化（災害に強い家に住む） (2)家具・家電の固定、ガラス飛散防止 (3)感震ブレーカーの設置 (4)必要な物資等の備蓄 (5)非常持ち出し品 3. 自分と地域を守る【共助】 (1)自主防災組織は「共助」の要 (2)防災訓練に参加しよう

静岡県HPより制作

でも触れた津波レベル扱いです。目次にある「I地震・津波対策編」の「4静岡県の地震対策」は公助に、「IV日頃の備え編」は自助、共助に相当します。いずれも写真やイラストをふんだんに使ってわかりやすく説明してあります。この公助、自助、共助の考えは震災の時非常に重要ですので、のちほど説明します。

次の高知県の『南海トラフ地震に備えちょき』も、静岡県、高知県以外にお住まいの方もぜひ一読されることをお勧めしたいガイドブックです。

②高知県『南海トラフ地震に備えちょき』

図2-12に高知県『南海トラフ地震に

図2-12 高知県『南海トラフ地震に備えちょき』の冊子とキャラクター

高知県 HP より

備えちょき』の表紙、およびそのキャラクターを紹介します。『南海トラフ地震に備えちょき』は、子どもたちにも親しみを持って読んでもらうためにと、アンパンマンの作者として有名な高知県出身の漫画家やなせたかしさんの協力のもとに、高知県防災キャラクターが説明をしています。

目次（表２－８）よりわかることは自助、共助に力が入れられていることです。また企業の防災力の向上にも力が入れられています。事業継続計画（ＢＣＰ、94ページで説明します）を推奨するとともに、県独自にも「南海トラフ地震対策優良取組事業所認定制度」が２０１３年度からス

表2-8　「南海トラフ地震に備えちょき」の目次

第1章	我が家のMy備えちょきを作ろう
第2章	南海トラフ地震を知ろう
第3章	自分の命を守るために今から備えよう
第4章	みんなで生き抜くために備えよう
第5章	生活を立ち上げよう
第6章	地域や企業の防災力を高めよう
第7章	風水害にも備えちょき
第8章	防災情報

高知県HPより制作

タートし、認定された事業所の公開もしています。

5 「南海トラフ地震臨時情報」が出たときの対応

前項で説明した「南海トラフ地震臨時情報」が発表された場合、なにをすべきでしょうか。ここでは高知県の例を紹介します。

高知県は**図2－13**に示すように津波の浸水が想定される地域、図では細い破線で示してありますが、これを「浸水想定区域」と称して公表しています。その中に太い破線で示してある「高齢者等事前避難対象地域」を設定し、さらにその中

図2-13　事前避難対象地域の設定

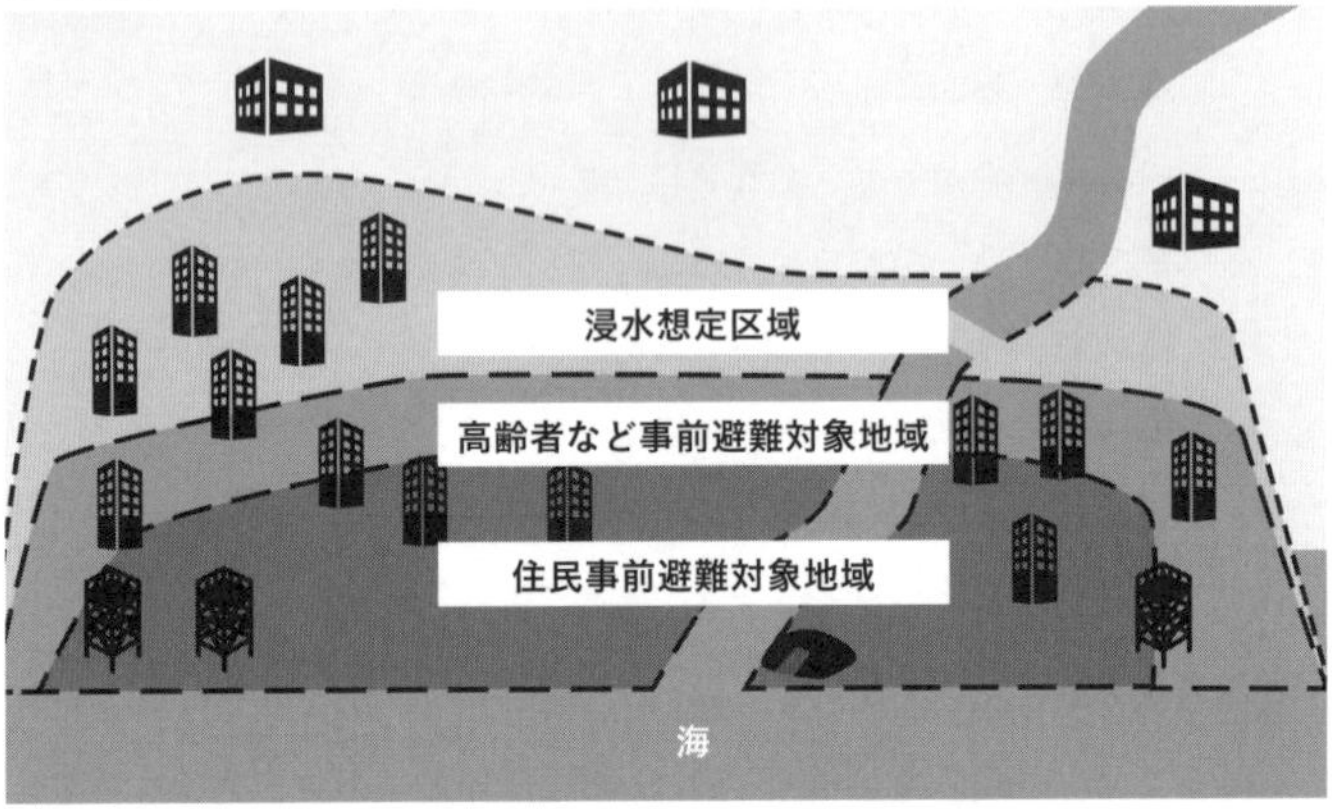

高知県 HP「南海トラフ地震臨時情報について」より制作

に太い実線で示した「住民事前避難対象地域」を設定しています。

「高齢者等事前避難対象地域」は30センチメートル以上の津波浸水が、地震発生から30分以内に生じる地域で、基本的に各市町村が設定。この地域の高齢者などの要配慮者を対象に「高齢者等避難」が出されます。「住民事前避難対象地域」は「高齢者等事前避難対象地域」のうちで緊急性や危険性の高い地域に対して、健常者を含む全住民に「避難指示」が出されます。これも市町村が設定します。

ではこれらの地域の人々はどう行動するのかが、**表2－9**にまとめてあります。これは南海トラフの東側でM８クラ

表2-9　南海トラフ地震臨時情報発表時の対応

	1週間まで	1週間～2週間	2週間以降
	巨大地震警戒　対応	巨大地震注意　対応	通常の生活に戻る
より内陸の地域	地震への備えを再確認する等、警戒のレベルを上げて生活	地震への備えを再確認する等、警戒のレベルを上げて生活	大規模地震発生の可能性がなくなったわけではないことに留意しつつ、地震の発生に注意しながら生活を行う
高齢者等事前避難対象地域	避難に時間を要する配慮が必要な方は避難（高齢者等）		
住民事前避難対象地域	全住民避難（健常者を含む）		

高知県公式HPより

スの地震（半割れ）が起こった場合を想定したものです。

南海トラフ地震臨時情報には、調査した結果から「巨大地震警戒」や「巨大地震注意」などのキーワードが出てきます。それを見て、直後の行動を決めていくわけですが、たとえばこの地域で「巨大地震警戒」が出されると、「住民事前避難対象地域」、「高齢者等事前避難対象地域」の全住民は1週間をめどに安全なところに避難することになります。これらの区域以外の「より内陸の地域」の住民は「地震への備えを再確認して、いつ地震が起こっても大丈夫なように情報の入手も含めて警戒のレベルを上げて生活」をすることになります。具体的には、津波の心配はありませんので、強くて長い揺れによる家屋の倒壊や、火災に対する注意が必要になるでしょう。

「巨大地震注意」が出されたときには、1〜2週間をめどにすべての住民は地震への備えを再確認して、いつ地震が起こっても大丈夫なように、警戒のレベルを上げて生活することになります。2週間以降は通常の生活に戻ります（キーワードが「調査終了」となります）が、「大規模地震発生の可能性がなくなったわけではないことに留意しつつ、地震の発生に注意しながら通常の生活を行う」ことになります。ここで重要なのは、地震発生の可能性は依然高い、ということです。十分な備えと注意をしながらの生活が必要になります。

5 自分や家族ができる、備えと対応

以上、国、自治体の対応やアクションプランを紹介しました。この中には公助の紹介もありました。私たち個人や家庭はこれらのことを知った上で、備えることが大切

です。次に、自分や家族の命を守るためにすべきことのいくつかを、自助、共助について具体的に述べます。

1 いつ？　どこで？　なにをする？　防災意識の向上

まず、防災意識の向上が重要です。敵の姿、すなわち南海トラフ巨大地震が起こると、自分が生活しているところにどのようなことが起こるのか、具体的には、揺れによる震度は？　その震度で揺れるとどのような被害が起こるのか？　土砂災害は起こるのか？　液状化は起こるのか？　津波は襲って来るのか？　襲って来るとすればどれくらいの高さか？　地震が起こって何分後くらいに最初の波がやって来るか？　などを認識してください。

そのためには**政府や自治体、消防など防災関連機関が提供する情報を積極的に収集し、地域の防災計画や危険性、避難経路などについて調べましょう。**防災訓練にも参加し、自分自身と家族の安全を確保するための知識やノウハウを身につけましょう。最近はお住まいの市町村のホームページでほとんどの必要な情報を得ることができます。またネットから関連する情報も入手できます。

特に、南海トラフ地震臨時情報や緊急地震速報が出たときの対応、行動は家族でしっかりと計画を立てておきましょう。

2 あなたの家は大丈夫？　建物の耐震診断と耐震化、不燃化

地震によって命を落とす原因は大きく分けて、**①倒壊した家屋や家具等の下敷きになる、②火災、③津波の3つ**です。したがって、国、地方自治体は建物の耐震化、不燃化を進めています。まずは自宅に耐震性があるかどうかの判断が必要です。その目安になるのが建築基準法です。

この建築基準法は1978年6月に起こった宮城県沖地震を契機に改正されました。宮城県沖地震では仙台市をはじめとして多くの鉄筋コンクリートビルが、特に1階部分の柱の鉄筋量不足で大きな被害を受けました。この教訓をもとに1981年に鉄筋コンクリート建物の耐震性を中心に耐震基準が大幅に改正されました。これが「新耐震」と呼ばれているマスコミにもよく使われている耐震基準です。

1995年の阪神・淡路大震災では、明らかに**1981年より前に建てられた建物、すなわち「旧耐震」で建てられた建物と1981年以後に「新耐震」で建てられ**

た建物では被害に大きな差がありました。それ以来、「新耐震」は地震に対して強い、という評価が定着しました。しかしながら「新耐震」は主に非木造家屋が対象になっています。木造家屋については2000年にその耐震性向上を目的に改定されています。また、1981年からすでに40年以上が経っていることから、「新耐震」で建てられたといっても木造家屋はしっかりとした手入れが行き届いてない限り劣化が進んでいる可能性があり、注意が必要です。

このことは2016年の熊本地震での家屋の被害にはっきりと差が出ました。**図2−14**は熊本地震で被災した益城町及びその周辺の木造家屋全戸（対象2340戸）の被害率をまとめたものです。図は木造の被害状況を建築年代別に示してあります。「新耐震」で**1981年以後に建てられたものでも被害が出ていますが、2000年以後に建てられた木造家屋は60％以上が無被害、約30％が軽微な被害**で済んでいることがわかります。

さらに言えば、建築基準法の第1章第1条には次のように書いてあります。

「この法律は、建築物の敷地、構造、設備及び用途に関する最低の基準を定めて、国民の生命、健康及び財産の保護を図り、もつて公共の福祉の増進に資することを目的

図2-14 熊本地震による木造家屋の建築時期別の被害状況

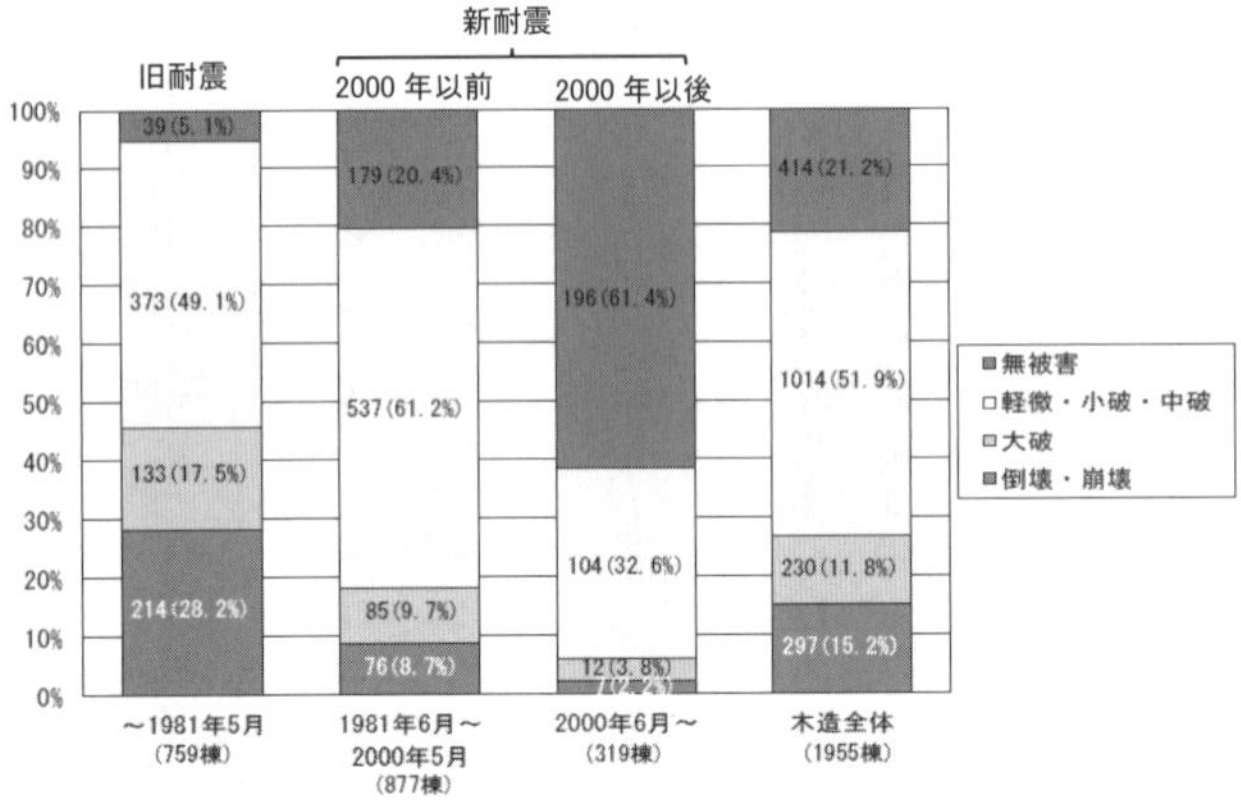

久保哲夫『過去の地震被害に重ねる 2021 年熊本地震による
建築物被害、国土技術政策総合研究所講演会』より

とする。」

難しい言葉が並んでいますが、一言でいうと、**この法律は最低限の基準で、地震で壊れない、ということを保証するものではない**、ということです。

ですからまずは古い家屋にお住まいの方はぜひ、耐震診断を行ってください。たとえば「一般財団法人 日本建築防災協会」のホームページからでも自分で簡単な耐震診断はできます。危険だと判断したら、専門家に相談されるといいでしょう。本章の地方自治体の対応で述べたように補助制度があります。これらを有効に活用しましょう。耐震化を行うと同時に不燃化も行いましょう。特に木造住宅密集地にお住まいの場合、重要です。

3 知れば安心 避難場所、避難所、避難ルートの確認

市町村は「避難場所」や「避難所」をホームページやハザードマップなどに示しています。ここで**「避難場所」とは、身の安全を守るために一時的に避難する場所**です。市町村が指定しているところもありますが（これを指定避難場所といいます）、自分たちで近くの安全な場所を決めておくことも柔軟に考えておきましょう。

「避難所」は自宅で過ごすことができない人が一時的に避難生活をするところで、学校の体育館などが指定されています。これらの場所やそこまでの経路を事前に確認し、災害発生時に迅速かつ安全に避難できるように計画を立てておくことが重要です。

避難経路を考える上で重要なことは、途中の安全性です。安全を脅かすものとしては、斜面崩壊、古い家屋の倒壊、ブロック塀の倒壊、自動販売機の転倒、ビルのガラス窓や看板の落下、さらには液状化などです。これらのことをチェックしておき、安全なルートを確保できるようにしておきましょう。

4 非常食や生活必需品の備蓄

南海トラフの巨大地震が起こった場合、行政から**被災地に物資が届くには4〜7日以上かかります**。したがって、被災する可能性のあるところではできれば**1週間分以上の非常食、水、その他生活必需品の備蓄**をしましょう。十分な水、保存食、衣類、医薬品などを常に用意しておき、定期的に使っては買い足すことで災害時に不足しないようにしておくのです。また、家族構成や特別な医療ニーズに合わせた備蓄を考えておくことも大切でしょう。**ここで忘れてはならないのは簡易トイレです**。空腹は我慢できますが、トイレは我慢できません。十分な数の備蓄をしておきましょう。

必要な物資についてはハザードマップの情報編や防災ガイドブックなどに詳しく書いてありますから、家庭の事情に応じて数に余裕をもって備えてください。

5 スマホ・ラジオなど通信手段、情報入手手段の確保

災害時には通信手段、情報を入手する手段が重要です。今はほとんどの人がスマートフォンを使っているので、通信も情報収集もスマートフォンでできます。しかしな

がら災害時には必ずしも使えるとは限りません。しかもSNSでは間違った情報が流れることがあります。したがって**正確な情報はラジオなどで入手する**ことを考えておきましょう。そのためにはラジオの電池の備え、あるいは充電ができるようにしておくことが大切です。

手巻き充電式のラジオは重宝です。大半の手巻き充電式のラジオにはライトやサイレン、スマートフォンの充電機能がついています。私は出張時には必ず手巻き充電式ラジオをカバンに入れていきます。一緒に携帯トイレも用意しています。

災害時には**NTTの災害用伝言ダイヤル（171）が非常に役に立ちます**。ぜひ使えるようにしておきましょう。**震度6弱以上の地震発生時などには、発災後おおむね30分を目途に利用できる**ようになります。また、震度5強以下の地震ならびにその他災害発生時には、電話の通信状況などを勘案し、NTT東日本またはNTT西日本が提供の判断を行います。災害用伝言ダイヤルが使えるようになったときには、テレビ、ラジオ、NTT東日本・西日本のホームページを通じてお知らせがあります。

災害用伝言ダイヤル（171）は、毎月1日、15日など、体験できる日があります。ぜひ個人でもご家族でも利用してみることをお勧めします。また災害時には公衆電話が優先的に使えます。公衆電話のあるところを確認しておきましょう。

6 災害関連死　長期化した避難生活のときに気をつけたいこと

南海トラフ巨大地震による避難生活は長期化する可能性があります。避難所での生活や共同生活への準備をして、いざというときには冷静かつ協力的に行動することが求められます。避難所では受け身ではなく、**積極的に運営などにも参加し、体を動かし、人と会話をしましょう。**健康維持にも役立ちますし自己防衛にもなります。

災害関連死を引き起こさないために、長期間の避難生活では体調に注意しましょう。災害関連死は１９９５年の阪神・淡路大震災の頃から注目されはじめました。特に２０１６年の熊本地震では亡くなった人の約80％の人が災害関連死でした。

表2－10は最近の主な災害による災害関連死者の数や割合を挙げます。**阪神・淡路大震災では約900人、また東日本大震災では約3800人という多くの人が、せっかく強い揺れや津波から助かりながら避難生活中に亡くなって**います。

災害関連死を防ぐには以下のことに注意しましょう。

①**備蓄品の確保**＝ライフラインの復旧には数日から数週間かかるので、最低１週間分

表2-10 災害関連死者数の割合

年	災害名	災害関連死者数 / 全死者数	割合
1995	阪神・淡路大震災	約 900/6,430 人	14%
2011	東日本大震災	約 3,800/22,000 人	17%
2015	関東・東北豪雨	13/21 人	61%
2016	熊本地震	221/276 人	80%
2019	房総半島台風（台風 15 号）	12/13 人	92%

著者調べ

の家族や自分の生活に合った食料や水、医薬品などの生活必需品の備蓄をしておきましょう。

②簡易トイレの準備＝1日何回トイレを利用するかを基準に、家族の必要数を備蓄しておきましょう。飲んだり食べたりの入れる方は我慢できますが、出す方は我慢できません。

③エコノミークラス症候群の防止＝車などで避難生活をしている人は適度に運動、リフレッシュしましょう。特に熊本地震ではエコノミークラス症候群がクローズアップされました。下半身、足の血流をよくすることが大切です。

④フレイル（体力の衰退、老化など）の防止

＝災害時にはストレスや慣れない生活で一気にフレイルが進行します。体操をしたり、気分転換をしたり、人と会ったりするといいでしょう。

何よりも日頃から健康であることが大切です。

7 情報共有の要　地域コミュニティとの連携

地域コミュニティとの連携は非常に重要です。隣近所とコミュニケーションをとり、お互いに助け合い、情報共有を行うことで、地域全体での協力体制を築くことができます。自主防災組織、地域防災ボランティアへの参加や地域の防災イベントへ積極的に参加をしましょう。より防災力を向上させたいのであれば、防災士の資格を取ることもお勧めします。

避難所や自宅での避難生活も地域コミュニティがしっかりしていれば災害関連死は防げるでしょう。

8 災害保険の確認

災害保険、特に地震保険に加入しているかどうかを確認し、適切な補償があるかどうか確認しておくことも重要です。

6 企業・団体などの備えと対応

南海トラフ巨大地震に限らず災害が起こると企業活動が停止してしまいます。ご自身がオーナーであればなおさらですが、経済活動にも大きな負の影響を与えることになります。

このような災害からの影響を最小限に抑え、**企業活動の早期再開を図るのに、具体的に計画を立てる事業継続計画ＢＣＰ**（Business Continuity Plan）と、ＢＣＰよりももう少し広い概念を持つ**事業継続マネジメントＢＣＭ**（Business Continuity Management）があります。

日本では**大企業のほとんどがＢＣＰを策定している一方、中小企業の策定率が非常に低い**と聞いています。私は日本の経済活動の根幹を担っている中小企業こそＢＣＰ、ＢＣＭを策定すべきだと思います。それが最近頻発している大規模な風水害、そして近い将来必ず起きると予想される南海トラフ巨大地震や首都直下地震などの大災害から日本経済を救うことにつながると信じているからです。

ここではＢＣＰについて簡単に説明するとともに、企業のＢＣＰを実効性のあるものにするためにも家庭の防災が重要であることについても述べます。企業のＢＣＰに関わりのない方も見ていただけるときっと参考になるかと思います。

1 事業継続計画ＢＣＰの策定

図2－15は多くのＢＣＰの説明資料に載っている図を参考に作成したものです。以下、この図を用いてＢＣＰの考え方を説明します。

事前：災害が発生する前（事前）の企業活動を１００％とします。

発災時：事前に何も備えていなかったら最悪の場合、企業活動はゼロです。

災害発生：そうならないように、災害が発生したときでも重要な業務を継続できるように備えをしておきます。その際、最低限の業務内容を継続できるレベルが「許容限界」であり、実際は少しその上を実現できるように目標を定めておきます。この矢印Aは業種によって異なります。自分の事業所にとって何を継続することが重要かを

図2-15 BCPの考え方

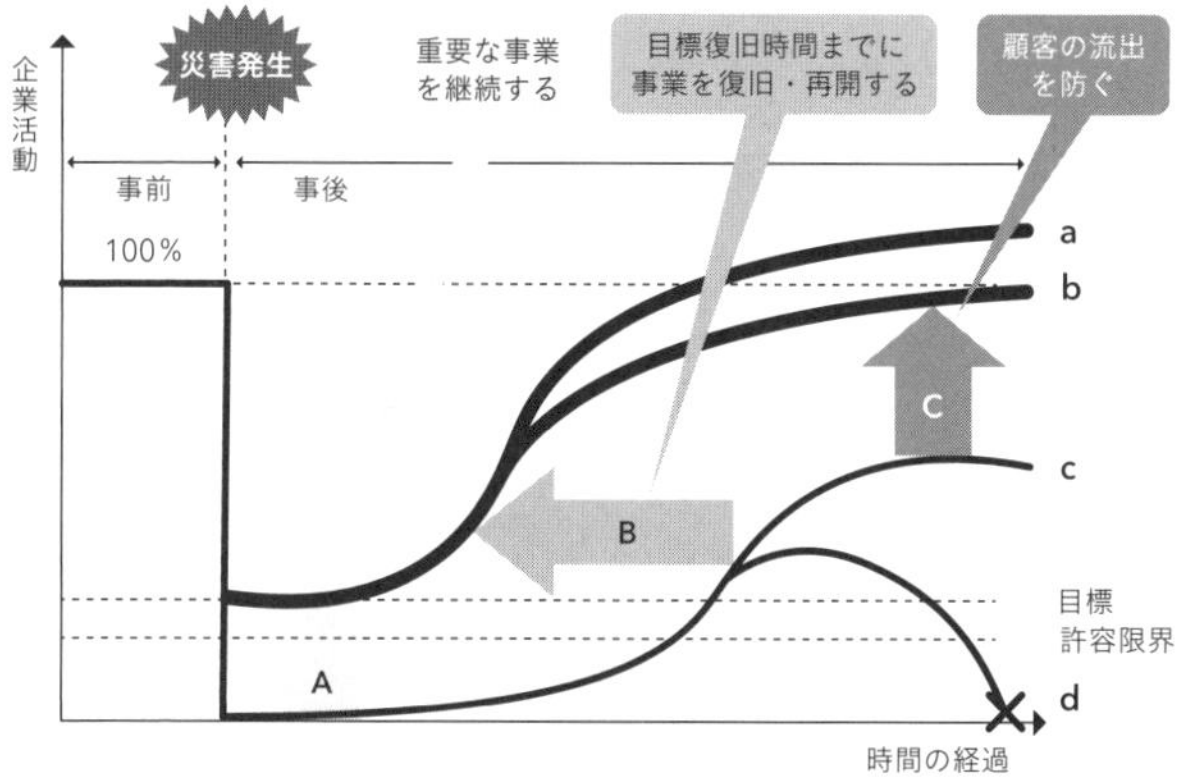

よく考えて決めましょう。

矢印B：復旧を早めるための備えです。これが多く揃っているほど事業回復が早くなります。

矢印C：A、Bの備えをしていた企業は、顧客が離れることもなく通常の営業に戻ることができます。場合によっては曲線dのように災害前よりも事業が活発になることもあります。このような例も実際に存在しています。

曲線c：備えをしていなかった場合、事業を再開できても以前に比べ事業（顧客数）が減ってしまいます。

曲線d：最悪の場合倒産する可能性もあります。実際、阪神・淡路大震災や東日本大震災では多くの企業が倒産したケースがあります。

すなわちBCPとは、「矢印A」、「矢印B」という備えをすることによって、「曲線b」を実現し、できれば「曲線a」を目指すことなのです。ここで重要なのは「曲線b」ですが、これは被災して元通りにならない他社の顧客を期待するということではなく、**災害を契機に自社の経営の合理化を図るという積極的な取り組み**も考えるということです。

BCPを勧めている省庁、たとえば経済産業省（中小企業庁）、国土交通省（地方整備局）、厚生労働省などには、それぞれのホームページに様式が準備してあり、ダウンロードして使用できます。具体的な記載例もあります。これらの様式、記載例は中小企業庁のBCP認定や国土交通省のBCP認定にもほぼそのまま使えるようになっています。

BCPで記載する項目およびおおよその内容を**表2－11**に示します。

特にBCPに実効性を持たせるのに重要なのが、南海トラフ巨大地震が起こったときの被害状況の想定です。自社の施設がある都府県の被害想定、市町村のハザードマップなどを見て、できるだけ詳細に被災状況をイメージし、想定される被害を可能

表2-11 BCPの記載事項、内容の例

項目	実施内容
1. 検討体制の確立	▪計画策定の意義・目的 ▪BCP の関係者への周知方法
2. 被害想定	▪受ける被害の想定
3. 重要業務と復旧目標時間の設定	▪重要業務の選定 ▪それらの業務の復旧目標時間の把握
4. 計画策定	▪社員及び家族の安否確認 ▪BCP の発動基準と災害時の対応体制 ▪対策（すぐできるもの、時間をかけるもの） ▪対応拠点、代替拠点の確保・災害直後の重要な連絡先 ▪自社で確保している資源の認識 ▪自社外からの調達についての連絡先 ▪訓練計画 ▪定期点検 ▪訓練の実施状況 ▪定期点検の実施状況 ▪BCP の改訂履歴

国土交通省 HP より制作

な限りリストアップすることが大切です。すなわち「敵の姿」を明確にイメージすることです。「敵の姿」を明らかにし、「わが社の姿」を明らかにすることによって孫子の兵法「彼を知り、己を知れば、百戦殆《あやう》からず」を実現できます。

2 会社や学校よりも家にいる時間がはるかに長い

BCPを策定して実行するのは誰でしょうか。そうです、働いている皆さんです。被災してもまた動けるように、まずはご自身やご家族の身の安全を確保してください。**表2－12**は1年のうちどれくらいの時間会社にいるかを計算したも

表2-12 会社、学校への滞在時間

勤務時間（1日8時間、年間240日勤務するとして）		
残業なし	1,920時間	約22%
残業毎日2時間	2,400時間	約27%
ブラック企業	？？？	

児童・生徒が学校にいる時間		
小学校低学年	約1,500時間	約17%
小学校高学年	約1,700時間	約19%
中学生（部活あり）	2,000～2,500時間	約23～29%

のです。表には併せて小中学校の児童、生徒が学校にいるおおよその時間も示しています。1年は8760時間とし、ここでは1日8時間、1年間で240日働くと仮定しています。

こうして見ると会社や学校にいる時間に比べて家庭にいる時間がはるかに長いということがわかります。つまり**家庭で被災する可能性が非常に高い**ということで、家庭での防災がいかに重要かということを意味しています。各自が家庭での防災に関心を持ち、保護者は子どもたちに、学校の先生は児童、生徒の保護者に防災の重要性をしっかりと伝えていただきたいと思います。

また、私はBCPの家庭版である家庭継続計画、HCPの提案をしています。Hは Homeの頭文字です。その内容は、さきほどのBCPを参考に、内容を自分の家庭に合うように変更すればいいのです。以下ごくごく簡単ではありますが、わが家のHCPの一部を紹介します。

①検討体制の確立。私が家族と相談しながら策定します。考えられる自然災害に対して、家族全員が無事であることを目的としています。

②被害想定。山口県に住む私と長男、長女たちは「南海トラフの巨大地震」、東京都に住んでいる次男は「首都直下地震」が起こったときの状況を考えます。想定している震度はいずれも5弱。ライフラインの被害を考えて、必要な備蓄を行う。

③計画策定。安否確認の方法を具体的に記し、複数の手段で家族と共有する。最初から完璧を目指さずに、できるところからはじめるのが大事です。

私が防災教育に取り組んだ理由

1992年、私はハワイで日米都市防災会議に参加しました。この会議は日本とアメリカの地震防災の研究者や実務者が集まって防災について議論し意見交換する定例会議です。日本とアメリカで交互に開催され、ハワイで開催された次は日本側がホスト役となるため、席上で日時、場所を決めることになりました。幹事として参加していた私は関西で開催することを提案しました。関西でも過去に大きな地震がたびたび起こり、近いうちに地震が起こると考えていたからです。当時世間では関西には大きな地震は起こらないという思い込みがあり、それに対して注意喚起をしたいと思いました。他の幹事の先生方もこのことはよく理解していたので、関西での開催はすぐに決まりました。

開催期日は1995年1月17〜19日。場所は大阪市で、テーマは「For the next One 次の地震に備えて」でした。会議当日の1月17日早朝、大阪のホテルにいた私は激しい揺れに目が覚めました。阪神・淡路大震災が起こったのです。

ニュースで、私は犠牲者の方の年齢が高いことと同時に、まだ学生であろう20歳前後の若者の犠牲者が多いことに胸が痛みました。はからずもこの阪神・淡路大震災を契機に「防災教育」の重要性が認識されたのです。

実は、私はそれ以前から教育大学の先生たちと防災教育に取り組んでいました。きっかけは1983年5月26日の昼に起こった日本海中部地震です。104人の犠牲者のうち100人が津波で亡くなっています。調べてみますと、日本海では地震が起こっても津波は来ない、とか、地震が起こったら海岸に避難するように、といった間違った言い伝えがあり、地震があっても避難していなかったのです。今では信じられない言い伝えです。

秋田県の北西部、男鹿半島先端に加茂青砂《かもあおさ》という小さな海岸があります。小学生がバス旅行でこの海岸に来て津波に遭い13人の児童が亡くなりました。ちょうど私の子も同年代だったため、とても他人事とは思えませんでした。

「地震と言えば津波」は、私たち地震工学を研究している者からすれば常識中の常識ですが、それが一般の人には伝わっていませんでした。このことが私が防災教育に取り組もうと決意したきっかけでした。

第2章の参考文献

1 東京都『首都直下地震等による東京の被害想定（令和4年5月25日公表）』（2022年5月）
2 内閣府『防災対策推進検討会議、南海トラフ巨大地震対策検討ワーキンググループ、第一次報告、第二次報告』（2012年8月、2013年8月）
3 中央防災会議『首都直下地震対策検討ワーキンググループ、最終報告』（2013年12月）
4 東京都『首都直下地震等による東京の被害想定』（2022年5月）
5 内閣府『南海トラフの巨大地震モデル検討会、南海トラフの巨大地震による震度分布・津波高について（第1次報告）、巻末資料』（2012年3月）
6 内閣府『南海トラフ地震における具体的な応急対策活動に関する計画の概要』（2023年5月）
7 静岡県『地震・津波対策アクションプログラム』（2023年4月）
8 高知県『高知県南海トラフ地震対策行動計画』（2023年6月）
9 静岡県『地震・津波対策、静岡モデルの推進』（2024年9月）
10 尾﨑正直『南海トラフ地震に立ち向かう高知県の挑戦、南海トラフ沿いの地震観測・評価に基づく防災対応検討ワーキンググループ、資料2－1』（2021年3月）
11 静岡県『ふじのくに防災ガイドブック2023』（2024年4月）
12 高知県『「南海トラフ地震に備えちょき』（2023年3月）
13 高知県『南海トラフ地震臨時情報について』（2024年1月）
14 久保哲夫『過年の地震被害に重ねる2016年熊本地震による建築物被害、国土技術政策総合研究所講演会』（2016年12月）
15 内閣府『南海トラフ地震臨時情報が発表されたら何をすればいいの?』より作成　https://www.bousai.go.jp/jishin/nankai/rinji/index4.html
16 内閣府のホームページ　https://www.bousai.go.jp/jishin/nankai/rinji/pdf/pdf04.pdf

第3章

首都直下地震の被害想定とその備え

1

首都直下地震の被害想定結果

本章では首都直下地震について述べます。第2章の南海トラフ巨大地震と構成はほぼ同じです。まず1で首都直下地震に対して国が出した被害想定と東京都が出した被害想定結果を説明します。前者が東京都を含む首都圏を対象にしているのに対し、後者は東京都のみを対象にしています。2は国の首都直下地震への備え、3は東京都が行っている備え、4で個人や地域の具体的な対応策を紹介していきます。

都心で起きる直下地震へは、政府、自治体の行政機関や企業、地域、そして個人の備えと、あらゆる関係者の積極的で迅速な対応が不可欠です。

それと同時に、あるいはそれ以上に、政治・経済などの一極集中をいかにして解消するかという本質的な課題があり、それに1日も早く取り組むことが極めて重要です。それはわが国の存続にかかわる政府の大きな責任です。

1 国の被害想定

首都直下地震の被害想定は、過去何度も行われています。前回の被害想定は2013年12月にまとめられています。それから10年以上が経ち、その見直しをすべく、**2023年から内閣府によって首都直下地震の再検討が行われています。**しかしながら被害想定結果の公表はまだ行われていませんので、ここでは2013年12月に、国の中央防災会議の中の「首都直下地震対策検討ワーキンググループ」が取りまとめた『首都直下地震の被害想定と対策について』(最終報告)にあるものを用いて説明を進めていきます。

このワーキンググループは、1600年以降の関東地方で起こった地震を詳細に調べ、それに基づき**今後起こる可能性があるM7クラスの地震を19種類に分類して想定**、そしてそれぞれに対して震度分布や予測される被害を算出しています。**図3－1**にその19の地震の震源(活断層など)を示します。

それら19の地震の中で**最も被害が大きいと想定されるのが、「都心南部直下地震」**で、その震度分布と震源となる断層の位置を示したのが**図3－2**です。これによると

図3-1 国が想定している19種類のM7クラスの地震

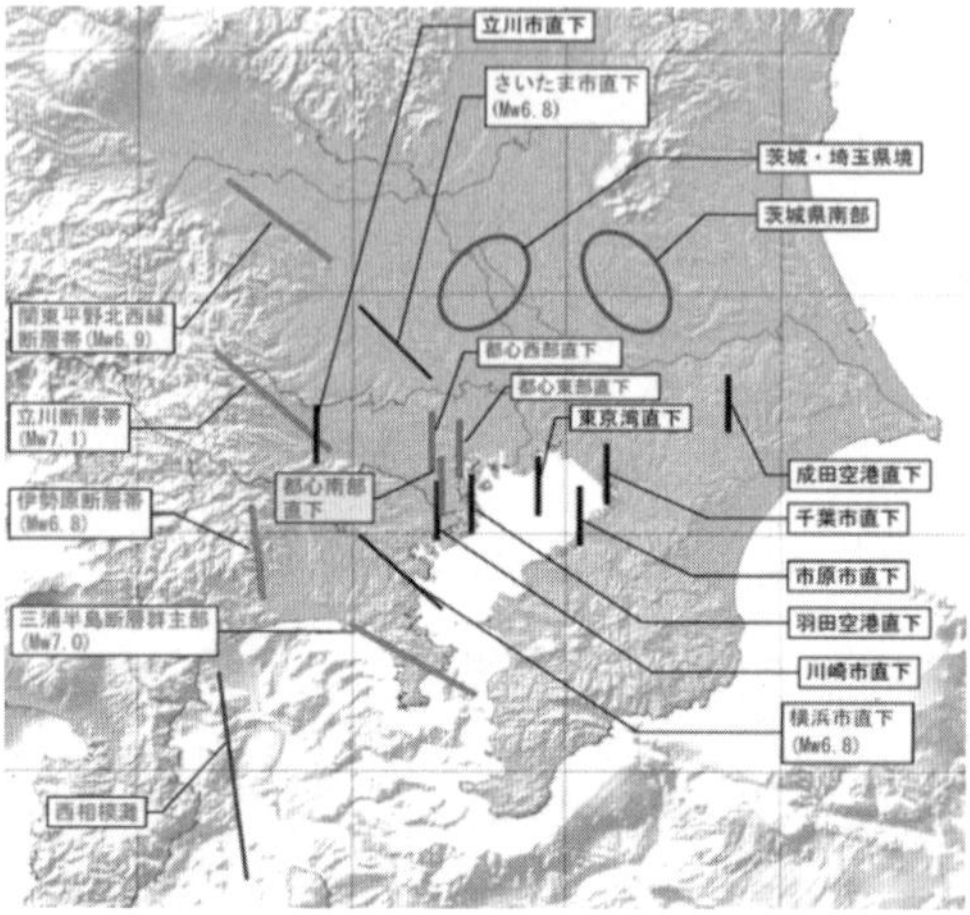

内閣府 HP より

図3-2 都心南部直下地震の震度分布と震源の断層位置

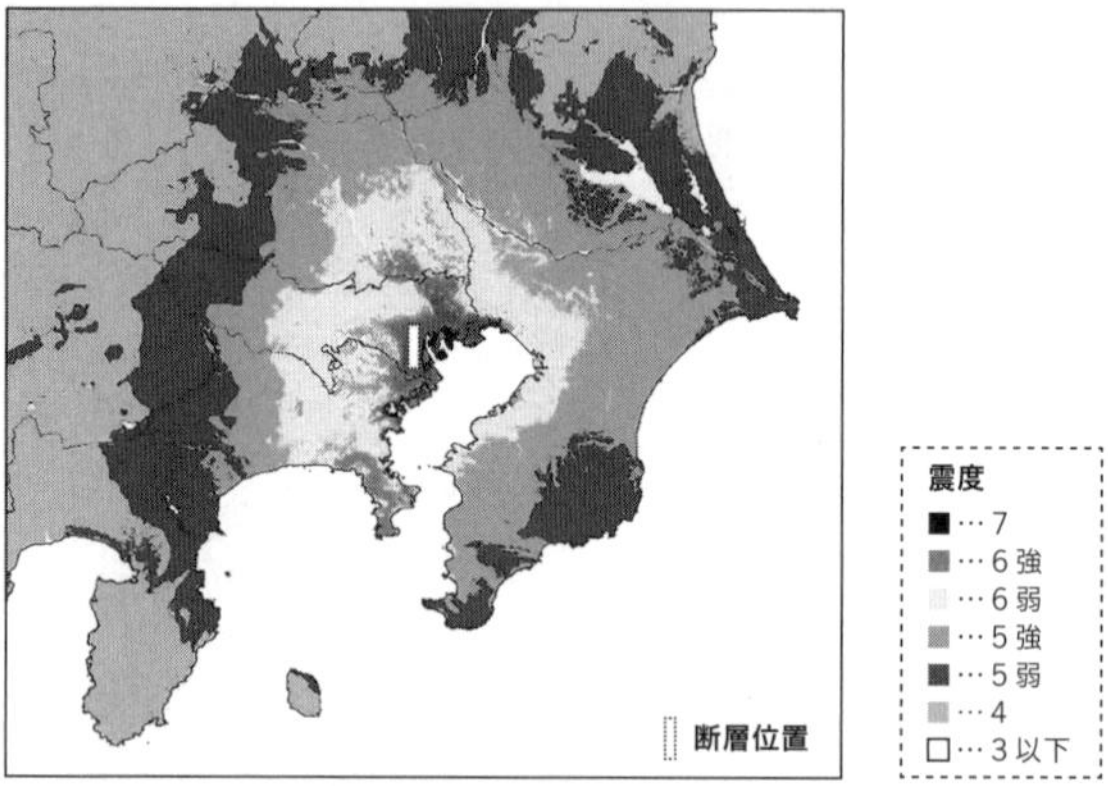

内閣府 HP より加筆

表3-1　都心南部直下地震による人的被害想定結果

項目		冬・深夜	夏・昼	冬・夕
①建物倒壊等による死者（屋内収容物移動・転倒・落下物）		約 11,000 人（約 1,100 人）	約 4,400 人（約 500 人）	約 6,400 人（約 600 人）
②急傾斜地崩壊による死者		約 100 人	約 30 人	約 60 人
火災による死者	③風速 3m/s	約 3,800 人	約 900 人	約 10,000 人
	④風速 8m/s	約 7,000 人	約 1,700 人	約 16,000 人
⑤ブロック塀・自動販売機の転倒、屋外落下物による死者		約 10 人	約 200 人	約 500 人
死者合計	⑥風速 3m/s	約 15,000 人	約 5,400 人	約 17,000 人
	⑦風速 8m/s	約 18,000 人	約 6,200 人	約 23,000 人
⑧負傷者数		約 113,000 人	約 90,000 人	約 123,000 人
⑨揺れによる建物被害に伴う要救助者（自力脱出困難者）		約 72,000 人	約 54,000 人	約 58,000 人
⑦＋⑨		約 90,000 人	約 60,000 人	約 81,000 人

内閣府 HP より

地盤の軟らかい**東京湾の沿岸部、そして荒川水系や多摩川水系周辺では内陸の方まで高い震度が分布**しています。

この地震が「冬・深夜」、「夏・昼」、「冬・夕」の3つの季節・時間帯に起こったとして、原因ごとに死者数をまとめたのが**表3−1**です。**南海トラフ巨大地震との大きな違いは、津波による犠牲者がいないこと、その反対に火災による犠牲者が多い**と予想されることです。

「冬・夕」に地震が起これば、最悪の場合約2万3千人の死者が出るという結果（表の⑦）になっています。この数字を皆さんはどう思われるでしょうか。

南海トラフの巨大地震でも述べました

図3-3 都心南部直下地震による全壊・焼失棟数の分布（冬の夕方、風速8m/s）

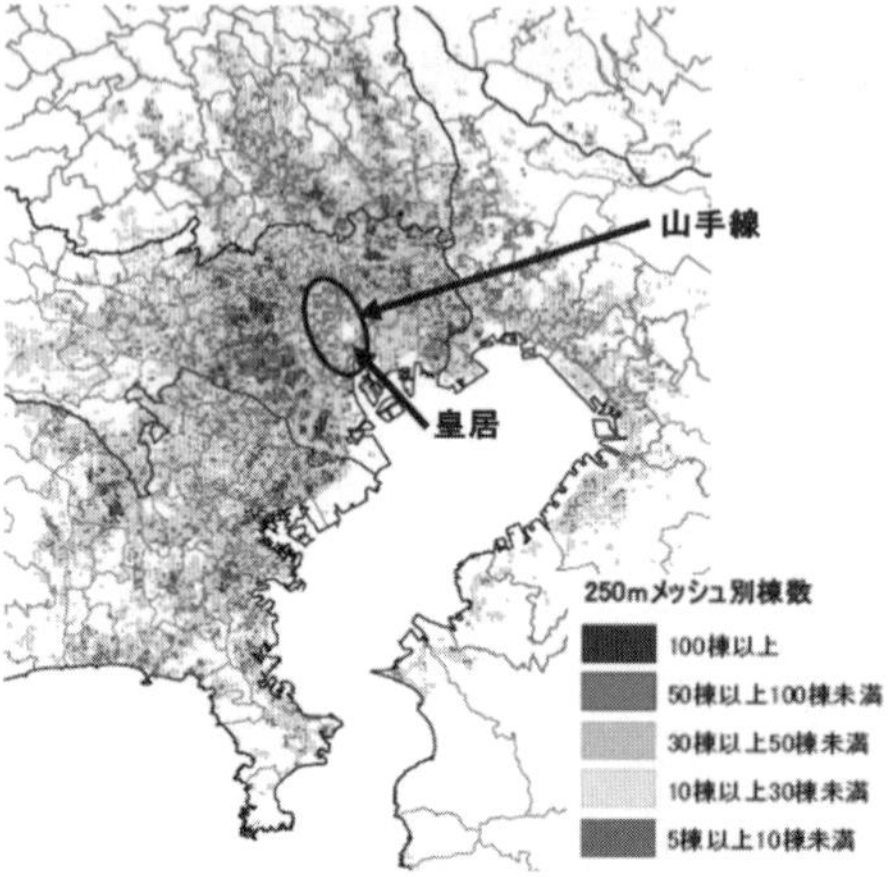

内閣府HPより加筆

が、私は首都直下地震についても2万3千人の死者数では到底すまないと思っています。ここで注意が必要なのは、表にある壊れた建物に閉じ込められ自力で脱出できない人の数⑨です。救助が進まない場合、残念ながらこの数字は死者数に加算されます。この数を死者合計数⑦に加えると、⑦＋⑨は最悪の場合、「冬・深夜」で約9万人、「冬・夕」で約8万1千人、最も少ない「夏・昼」でも約6万人となります。さらには負傷者数が10万人前後。この人たちも、特に重傷を負った人たちは医療体制が崩壊すると命を失うことになります。これらを考えると**10万人を超える犠牲者が出るこ**

とが考えられるのではないでしょうか。

どの場合も死因で最も多いのが火災です。どこで火災による被害が大きいかを示したのが図3－3です。

この図は冬の夕方、風速8メートル／秒のときの全壊・焼失棟数を示したものです。ほぼ中央にある皇居は被害がなく、JR山手線の内側もそれほど被害は大きくありません。しかしながら山手線の外側は多くの全壊、焼失家屋が広い範囲にわたって分布しています。東京タワーや東京スカイツリー、東京都庁の展望室などから東京を眺めると、**山手線の外側には木造住宅が密集している**ことがわかります。これが被害が大きくなると予想される理由です。

東京消防庁は、**ポンプ車、救急車、はしご車等の消防車両、消防艇、消防ヘリコプター、消防ロボットなど約2000台**（2023年4月現在）**を配備して災害に備えていますが、地震によって同時に多くの場所から出火した場合、この数では不十分**です。しかも山手線外側の木造住宅密集地には、消防車が入れないところがたくさんあります。地元の人による初期消火に失敗した場合、燃えるに任せるしかありません。その場合、火災によって多くの犠牲者が出ることになります。

表3-2　都心南部直下地震による物的被害のまとめ

建物全壊		23.6～61万戸 揺れ：17.5万戸、火災：3.8～41.2万戸、その他：2.3万戸。
ライフライン	電力	ピーク電力の50％程度へ。
	固定電話	469万回線が不通に。固定電話は約50％が不通、90％は規制 （通話は1割程度しか使えない）。
	インターネット	接続できないエリアが発生。
	上水道	1,440万人が断水。
	下水道	150万人が利用困難に。
	都市ガス	159万戸が停止に。
	道路被害	大規模被害50か所、中小被害1,030か所。

内閣府HPより

関東平野の冬は空気が非常に乾燥し、強いからっ風が吹くことがあります。想定の風速8メートル／秒以上の風が吹く可能性は十分あると考えられます。またこの図3－3では、**工場地帯である東京湾沿岸部は無被害となっていますが、これは被害がないのではなく、データが少ないので想定できない**のです。これらのことを考えると、もっと犠牲者が増えることが危惧されます。

表3－2は建物被害、ライフラインの被害をまとめて示したものです。**人だけでなく、物にも甚大な被害が生じる**ことが想定されています。

首都直下地震が起こると、最悪の場合

直接被害だけでも１１３兆円を超えます。その**経済的損失の影響は長期間にわたり、20年間で731兆円にも及ぶ**との調査結果もあります。

2 東京都の被害想定

２０２２年5月25日に東京都が都の被害想定を公表しています。

東京都は２０１２年に「首都直下地震等による東京の被害想定」を策定し、その想定に基づき、様々な防災対策を推進してきました。その間、住宅の耐震化や不燃化などの取り組みが進められてきました。その一方で、**高齢化の進行や単身世帯の増加など人口構造や世帯構成が変化**してきたため、この10年間の様々な変化や最新の科学的知見を踏まえて、被害想定を見直しました。

表3－3は全壊・焼失家屋の被害および人的被害を要因別にまとめたものです。

この被害想定によると、**倒壊した建物の下敷きになるなどで死者が一番多いのは冬の早朝**で約４９２０人、火災は冬の夕方で約２４８０人、合計で一番多いのが冬の夕方で約６１５０人です。これはこれで大変な数字なのですが、１９９５年の阪神・淡路大震災のときの約６４３０人より少ない数字となっています。皆さんはこの数字を

表3-3　被害想定結果（風速8m/s）

想定シーン		冬・早朝5時	夏・昼12時	冬・夕方18時
建物被害（棟）	①揺れ・液状化等	82,200	82,200	82,200
	②火災	27,410	39,280	118,730
	③＝①＋②	109,610	121,480	200,930
死者数（人）	④揺れによる建物倒壊	4,920	2,400	3,210
	⑤屋内収容物	280	250	240
	⑥ブロック塀等	10	60	210
	⑦屋外落下物	0	0	10
	⑧急傾斜地崩壊	10	10	10
	⑨火災	670	830	2,480
	⑩＝④～⑨の計	5,880	3,550	6,150
⑪重症者数（人）		9,970	9,760	13,830
⑫閉じ込めエレベータ台数（台）		21,460	21,570	22,430
⑬自力脱出困難者（人）		35,050	30,900	31,250
⑭避難者数（最大）（人）		2,595,390	2,647,880	2,993,710+
⑮帰宅困難者数（最大）（人）		-	4,525,950	-

東京都HPより

多いと思うでしょうか、少ないと思うでしょうか。

もう少し詳しく見てみると、地震が起こると約8万2200戸の家が揺れや液状化で壊れるのに対して、大半の人が寝ている冬の早朝に地震が起こると、死者が約4920人、また火災で2万7410戸焼失するのに対して死者が約670人となっています。ストーブ、台所で火を使うなども含めて最も火をよく使う冬の夕方は火災による焼失棟数が約11万8730棟に上るのに、火災による死者は約2480人と想定されています。

いかがでしょう。多分読者の皆さんは死者がこれくらいの数で済むのだろうか、という疑問を持たれると思います。その感覚は正しいと思います。実は、これは地震発生直後の数字なのです。時間の経過とともに間違いなく犠牲者の数は増えていきます。

表には⑪重症者数、⑬自力脱出困難者も示しています。救助活動をすぐに行うことができないと、また消火活動が追いつかず火災が延焼すると、この人たちは命を失うことになり死者数は増えていきます。さらに閉じ込めにつながるエレベータの台数も約2万2000台前後ですから、複数人が乗っている場合もあるため、自力脱出が困難な人数は台数では計り知れないものがあります。

よく**自力脱出困難者は72時間が限度と言われています。しかし、日本の場合必ずしもあてはまりません**。1985年にメキシコ地震が起こり、メキシコシティの高層ビルが多く倒壊しました。そのとき、倒壊したビルの中に閉じ込められた人たちの生存率が72時間で急激に低下しました。それ以来72時間が限度と言われ出したのですが、**日本の木造家屋は倒壊するとほぼぺしゃんこ状態になり、生存できる空間がほとんどありません**。実際、阪神・淡路大震災では、24時間で急激に生存率が低下しています。

さらには、避難者数が最大で約299万人、帰宅困難者数が最大で約453万人と

表3-4 ライフラインの被害

道路：橋脚、橋梁被害率	9.4%
鉄道：橋脚、橋梁被害率	1.9%
電力：停電率	11.9%
上水道：断水率	26.4%
通信：不通回線	4.0%

東京都HPより

想定されています。迅速な救助活動には道路が、消火活動には水道が使えるということが必須条件となります。しかしながら結論から言うと、残念なことに道路も水道も期待できません。

表3－4にライフラインの被害想定結果をまとめて示しました。道路の被害想定は橋の被害だけが計算されています。その結果が9・4％。これだけでまず**道路は使えないでしょう。さらには建物が道路に倒壊する、液状化が起こる、そして交通事故を起こした車が道路にあふれる、といったことは想定には入っていません。**たとえ道路が使えたとしても断水率は26・4％、これでは消火活動も思う

ようにできないでしょう。**通信の不通回線率は４％とありますが、これはハード的に通信できなくなる回線数で、地震直後は通話が殺到してまず通話はできません。**ということはどこにどれだけ閉じ込められた人がいるか、ということも掴めません。残念ですが、閉じ込められた人たちの多くは命を落とすことになるでしょう。

救助活動だけではありません。物資の輸送も困難を極めるでしょう。**最大約299万人の避難者、約453万人の帰宅困難者の食料、水などは確保できるでしょうか？　またトイレはどうなるのでしょうか？**　吉村昭著『関東大震災』には「東京中が臭かった」という記述があります。当時はまだ街中でも土の場所が多く穴を掘ることができたでしょうが、今はアスファルトとコンクリートに覆われ、穴を掘れるところはほとんどありません。想像するだけで恐ろしくなります。

表3-5に犠牲者の多い順に上位10区を示します。これには併せて死因、さらには重症者数、自力脱出困難者数も示しています。これらの区の多くは荒川沿い、および多摩川沿いにあります。これらの区はいずれも両河川沿いで地盤が軟らかく、**図3-3**で全壊・焼失家屋の多い区と見事に一致しています。なお、23区及び多摩地区の市町村の被害想定は、東京都『首都直下地震等による東京の被害想定』（2022年5月）

表3-5　区ごとの人的被害者数（死者数上位10区）

区名	死者数（人）							重傷者（人）	自力脱出困難者（人）
	計	揺れ建物被害	屋内収容物	急傾斜地崩壊	火災	ブロック塀等	屋外落下物		
足立区	795	480	18	0	291	6	0	1,318	3,375
大田区	726	306	16	0	390	14	0	1,354	2,648
世田谷区	645	212	18	1	398	16	0	1,212	1,957
江戸川区	582	248	14	0	314	6	0	1,106	2,444
江東区	401	298	17	0	77	8	0	1,244	3,948
墨田区	321	214	6	0	94	7	0	578	1,418
品川区	288	101	12	0	160	14	0	736	1,359
葛飾区	283	159	10	0	110	4	0	512	1,239
荒川区	258	206	5	0	44	3	0	416	1,252
杉並区	239	79	5	0	148	7	0	432	631

東京都 HP より

表3-6　阪神・淡路大震災との火災による被害の比較

	火災発生件数（件）	焼失家屋数（棟）	火災死亡者数（人）	全死者数（人）
①都心南部直下地震（冬・夕、8m/s）	915	118,730	2,480	6,150
②阪神・淡路大震災	285	7,483	559	6,434
倍率（①/②）	**3.2**	**15.8**	**4.4**	**0.96**

にありますので、興味のある方はこちらを参考にしていただけたらと思います。

ここで、阪神・淡路大震災との比較をしてみます。**表3－6**がその比較結果です。まず、火災発生件数は都心南部直下地震の方が阪神・淡路大震災の3・2倍、焼失家屋数は15・8倍になっています。阪神・淡路大震災の発生時はほとんど無風状態でした。それに対して都心南部直下地震は風速8メートル／秒ですから、かなり延焼することが考えられます。

次に火災による死者数を比較すると4・4倍と、焼失家屋数の15・8倍に対してかなり少なくなっています。さらに全死者数は0・96倍と、想定される都心南部直下地震の方が少ない数になっています。犠牲者数は少ないにこしたことはありませんが、火災による死者数、全死者数ともに少なすぎるのではないかと感じるのは私だけでしょうか。

以上の数字は、数字で表されるものだけを用いて計算されています。**実際は、地震被害は非常に複雑で、数字に表されない要素がたくさんあります。以下にその例をいくつか紹介**します。

①道路の被害に関して

救急活動や消火活動、物資の輸送に欠かせない道路ですが、被害想定に考慮されているのは道路の橋梁部分の落橋や亀裂、橋脚部分の亀裂等の被害箇所数であり、道路に隣接する街区での建物や電柱の倒壊、延焼火災や土砂崩れ、液状化などによる道路の閉塞、車線の逸脱や衝突等による交通事故等の影響は入っていません。

②鉄道の被害に関して

道路と同様に高架橋及び橋梁が対象となっており、沿線の建物倒壊、延焼火災に伴う架線の焼失、土砂崩れによる線路の閉塞、走行中の電車の脱線事故等の被災は入っていません。

③停電に関して

停電の想定には、発電所、変電所、および基幹送電網などの拠点的な施設・機能の被災は入っていません。

④水道の被害に関して

水道の被害には、水道管路以外の浄水施設などの基幹施設や、受水槽や給水管など利用者の給水設備の被災は入っていません。

⑤通信の被害に関して

通信に関しては、通信ビルなどの拠点施設や携帯電話基地局の被災、非常用電源の喪失等の被災は入っていません。

⑥沿岸地帯の工業地帯、コンビナートの被災に関して

沿岸地帯の工業地帯、コンビナートの被災も想定には入っていません。東日本大震災のときに千葉のコンビナートのタンクが爆発、タンク半分の破片は海の方へ飛びました。もしこれが陸側だったら大変な災害になっていた可能性があります。

これらのことを考えると、とても死者が約６１５０人で済むとは思えません。

2 国の首都直下地震への備え

政府・防災機関の対応方針

図3－4に政府・防災機関の対応方針の概要を示します。おわかりのように、基本的には被災地、支援側が異なるだけで、**図2－5**の南海トラフ巨大地震の場合と同様です。すなわち①「救助・救急、消火等」、②「医療」、③「物資」、④「燃料、電力・ガス、通信」、⑤「緊急輸送ルート」。防災拠点については、多少派遣人数の違いはありますが、実施内容は同じです。ただ、首都直下地震の場合には首都圏で最大約457万人の帰宅困難者が発生すると想定されていて、計画も策定されています。図3－5にそれを示します。そして、国は国民への協力の要請として、①平時の備え、②発災時の対応として以下の協力を求めています。

図3-4　首都直下地震における応急対策活動に関する計画の概要

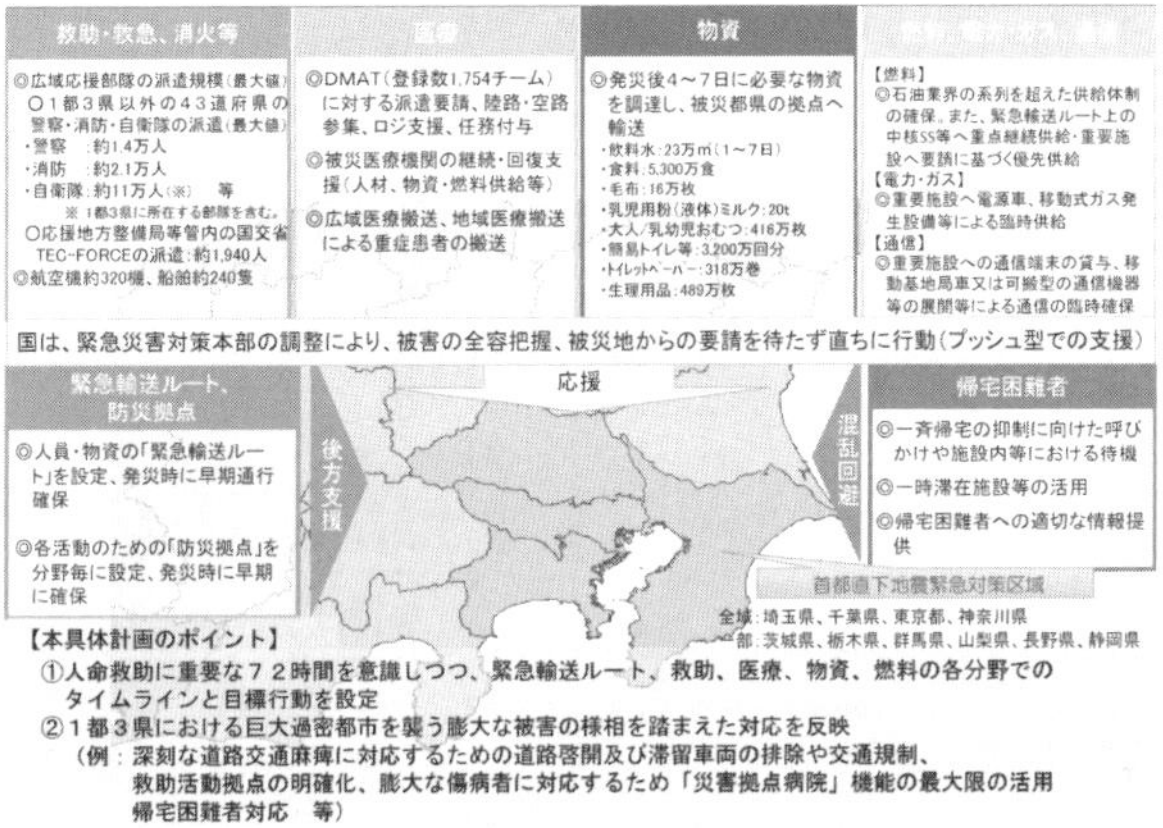

内閣府 HP より

図3-5　首都直下地震における帰宅困難者への対応に関する概要

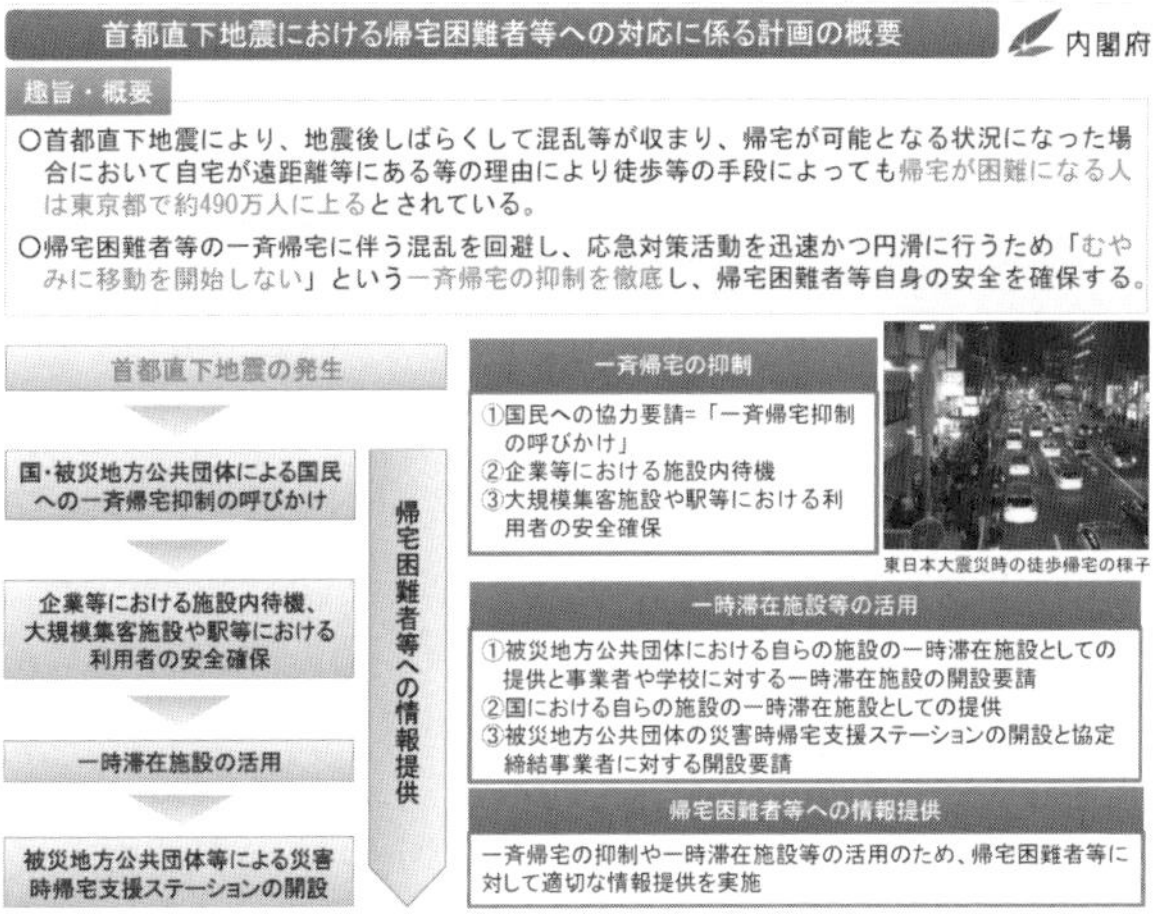

内閣府 HP より

①平時の備え

・安否確認手段・避難場所の確認。
・最低3日分（推奨1週間分）の水・食料・携帯トイレ等の生活必需品の備蓄。これと並行して日々使う食料等のストックを多めに確保し、使った分を買い足すローリングストック方式の活用。
・家庭での地震対策（家具の固定、感震ブレーカーの設置など）。

②発災時の対応

・地震の揺れから身を守る。
・市街地火災からの避難。避難の際はブレーカーを落とす。
・むやみに移動を開始しない。自動車を利用しない。「皆が動けば、皆が動けなくなる」。
・物資・燃料の買いだめ、買い急ぎをしない。
・近所で助け合う。

これらは本当に必要最低限のことです。首都直下地震は大規模かつ深刻な災害となり得るため、できる限りの準備を整えることが重要です。地域の防災活動にも積極的に参加し、地元の情報を確認することが安全対策の一環となります。また生活必需品は最低でも1週間分は備えましょう。

3 東京都の取り組み

1 東京防災プラン進捗レポート2023

東京都は震災対策事業を取りまとめた総合的な計画である「東京都震災対策事業計画」を策定しています。そしてその具体的な取り組みを「東京防災プラン」として立案、実行するとともに、その進捗状況を「進捗レポート」として公開しています。

「東京防災プラン」では、東京都で考えられる地震や風水害、火山噴火について、懸念される事態（リスク）を明らかにするとともに、**リスクに対応するために目指すべき**

「将来像」を15項目に整理、これら将来像の実現に向けた自助・共助、公助の取り組みを掲載しています。

ここでは「東京防災プラン」の15項目の目指すべき将来像のうち、首都直下地震に直接関係のある10項目について「東京防災プラン進捗レポート２０２３」にある取り組み例とその進捗状況を簡単に紹介します。

① 建物の耐震化、更新など

防災拠点となる学校などの公共施設、災害拠点病院、社会福祉施設等の防災上重要な公共建築等の耐震化や、天井や照明器具などの非構造部材の落下防止対策が進められています。

また、高層ビルに影響を与える長周期地震動対策、家具類の転倒、落下、移動防止対策などをポスター、チラシ、ＳＮＳなどを用いて継続的に啓発しています。さらには、住宅やマンションなどの倒壊防止や防災力向上の支援を進めています。

② 住民による救出活動の展開

住民や地域の自助・共助の意識醸成を促進するために、防災知識を学べる「東京都防災模試」の実施や、デジタル教材を用いた防災教育、防災セミナー、親子防災体験等の実施、防災リーダーとして活躍できる人材育成など多岐にわたった施策が進められています。このほか、応急手当の普及促進や非常用電源の設置促進のために支援も行われています。

③ 出火・延焼の抑制

初期消火力の強化などを推進するために、女性、学生、事業所なども対象にした消防団員の確保、併せて機能別団員制度、大規模災害団員制度なども導入しています。また、延焼を防ぐために、不燃化特区制度の取り組みの推進、防災生活道路の整備、移転先整備による不燃化の促進、延焼を防ぐ空間の確保などの取り組みも進められています。

④ 安全で迅速な避難の実現

要配慮者などを対象とした個別避難計画の促進や、ヘルプマークやヘルプカードの啓発、災害福祉ネットワークの強化、外国人などへの情報提供のための「東京都防災（語学）ボランティアシステム」の開発・運用開始、さらには避難場所などの見直しなど、高齢者や外国人などの要配慮者をはじめ、安全に避難できる環境や体制整備が進められています。

また迅速に避難ができるように、無電柱化やマンホールの浮上対策など道路の防災機能の強化が図られています。

⑤各種情報の的確な発信

東京都災害情報システム（ＤＩＳ）を活用した訓練の実施、衛星中継車を活用したドローン映像のリアルタイム共有訓練など様々なデジタル技術を活用した情報収集、共有、提供システムの開発、活用が進められています。

⑥帰宅困難者による混乱防止

一斉帰宅の抑制や帰宅困難者同士の助け合いについてホームページやハンドブック、デジタルサイネージなどあらゆる機会を活用した啓発活動が実施されています。

また各企業においても、平時からの備えや発災時の従業員の安全確保や一斉帰宅抑制などの対策の中心となる「事業所防災リーダー」の育成が進められています。

さらには、帰宅困難者の安全を確保するために、人流や一時滞在施設などの情報を統合し、地図上に可視化した全体作戦図機能の開発着手など、ここでもデジタル技術などの活用が進められています。

⑦円滑な避難所の開設・運営

避難所となる学校などの公共建築物の耐震化を進めるとともに、配水管、下水管などの耐震化も進め、避難所となる施設の安全性を確保する取り組みが進められています。併せて、LPガスの確保、暑さ寒さ対策のための空調設備の整備、感染症対策なども進められています。

また、女性や要配慮者の視点を反映した運営、避難者の心のケアをするための東京災害派遣精神医療チーム（東京DPAT）の体制整備、トイレ機能の強化、食中毒予防・衛生環境の確保なども強化されています。

⑧発災後の生活を可能にする飲料水や備蓄品の確保と輸送

水道施設の耐震化、バックアップ機能を確保するための導水施設の二重化や送水管のネットワーク化など、飲料水の確保の増強が進められています。さらには被災者に必要な物資の備蓄、輸送体制が強化されています。加えて家庭の備蓄や電源の確保の促進、いざというときのための「車のガソリン満タン運動」の展開を行っています。

⑨公助による救出救助活動の展開

沿道の建築物の耐震化を進め倒壊を防ぐ、無電柱化の促進など、緊急輸送道路の機能を確保する、道路以外の、水上や空路などの輸送路を確保する、住民の命を守るDMATはじめ医療機関の強化、救急活動の強化などが図られています。

⑩迅速な復旧・復興による早期生活再建

首都圏3環状道路の整備促進、3環状道路へのアクセス性向上はじめ緊急時の輸送ルートの整備が進められています。また、物資の調達、輸送体制の強化や、自律飛行

図3-6　東京都の防災ブック『東京くらし防災』と『東京防災』

ドローンを活用するなど新しい技術を用いて進められています。

その一方で、住家の安全性を判定する応急危険度判定員の確保、住家被害認定調査・罹災証明の迅速化、復旧復興体制の強化などによって被災者生活環境の早期の復旧・復興支援が行われています。

2 東京都が用意している『東京くらし防災』で備える

東京都も南海トラフ巨大地震で案内した静岡県、高知県と同じように**冊子を作成、あるいは防災に関するアプリを開発して災害への備えを都民へ働きかけてい**ます。代表的なものが図3－6に示す

表3-7　「東京くらし防災」の目次

序章

第1章　「いま」できる備えから始めよう！

- 日常の習慣でできる防災
- 外出「ついで」にできる防災
- マンション防災
- 支援等を必要とする人が安心できる備え

第2章「いま」災害が起きたら？

- 地震発生、その瞬間
- 発災直後の避難と移動
- 災害時は助け合う
- そのほかの災害からの身の守り方

第3章「いま」考えてみよう！被災後の暮らしを

- 被災後はどこで過ごすか
- 生活再建に向けて

巻末資料

東京都防災HP「東京くらし防災」より制作

『東京くらし防災』と『東京防災』です。2冊で1セットになっており、まずは防災対策の基本的なことを実践する『東京くらし防災』がステップ1で、防災の理解を深める目的の『東京防災』がステップ2と、2段階で意識を高める構成になっています。

『東京くらし防災』は、「行動から始めよう」ということで、今からはじめられる防災や備えの基本を一から解説してあり、日々の生活シーンの中で取り入れやすい防災対策、備え方を中心に紹介してあり、なにが必要かすぐにわかります。

表3－7は『東京くらし防災』の目次です。以下概要を説明しますので、気に

なる人はぜひ読んでみてください。

序章のプロローグでは、図を用いて街中の危険な場所の説明、災害から命を守るために必要なこと、防災レベルを診断する簡単な設問、2冊の本の使い方の説明があります。

第1章の「日常の習慣でできる防災」では、普段から心掛けておくこと、自宅の安全確保が最優先事項、買い物でできる防災、外出時に防災のために新しい習慣とするとよいことなどが紹介してあります。

「外出〝ついで〟にできる防災」では、出かけたついでに、役所に行ったついでに、遊びに行ったついでにできる、すぐできる防災の案内があります。

都民の約900万人がマンションやアパートで生活しています。このことは東京の大きな特徴で、「マンション防災」はぜひ読んで備えていただきたいところです。

「支援等を必要とする人が安心できる備え」では、共通の備えを6つに分けて説明があります。①個々に必要な物を量と共に確保する、②支援者や支援施設と災害時の対応について話し合う、③災害時に転院が必要か、かかりつけ医と話し合う、④どんな助けが必要か、ヘルプカードなどに記しておく、⑤避難先が自分の特性と合っているか確認する、⑥日頃から地域の人との付き合いを大切にする、の6つです。

第2章の「地震発生、その瞬間」では、自宅に潜む危機、外出先での身の守り方がわかりやすいイラストとともに掲載されています。裸足で歩かない、電気のスイッチを押さないなど、地震発生直後に注意が必要な行動についても説明があります。「発災直後の避難と移動」では、揺れが収まったらまずは深呼吸して周りを見渡して状況を確認しましょう、という案内から、安全に避難するための注意点をまとめています。SNSで不確かな情報に惑わされないことや拡散しないことが重要なことも書かれているので、SNSを利用する人は読んでおくといいです。マンション被災時、家に留まるかどうかの判断基準もあります。

「災害時は助け合う」では、危険な場所から助け出すときは複数人で行うことや、介助が必要な人をいかにして避難させるかといった、助け合いの心得が書かれてあります。

第3章「被災後はどこで過ごすか」では、在宅避難での過ごし方、避難所での過ごし方、避難所での様々な配慮について紹介してあります。以上の内容が180ページ近くで説明されており、しかも無料で手に入ります。これだけ丁寧に書かれている本もなかなかありませんので、都内に住んでいる人に限らず見ておくとよいでしょう。『東京くらし防災』で検索すれば東京都防災ホームページが出てきて閲覧・ダウンロードできます。

2冊目『東京防災』ではさらに知識を深める内容で、地震・風水害の他に、様々な災害の備えやアクションが詳しく紹介されています。地域で備える共助での取り組みも幅広く案内されています。全体的に『東京くらし防災』より一歩踏み込んで詳しく、具体的に、またある程度専門的な用語も用いて説明してありますので、こちらも同様にぜひ読まれることをお勧めします。

さらにぜひ実践していただきたいのが**『東京都防災アプリ』**のダウンロードです。このアプリは防災についてクイズなどで学べ、日ごろからどのような備えをしておけばよいか、災害時には避難ルートの表示など使える様々な情報が提供されます。また、子どもや外国人にもわかりやすいように〝やさしい日本語〟の機能もあります。

私は山口県に住んでいますが、東京へは現役時代はほぼ毎週のように、今も月に1〜2回出張しています。羽田空港に到着してからは、いつ地震が起こっても大丈夫なように心構えています。前章で述べたように鞄の中には手巻き充電式ラジオ、携帯トイレも数回分入れています。もちろん『東京都防災アプリ』もスマホに入っています。**東京に住んでいない人でも、東京へ仕事やそれ以外の目的で行く人、あるいは家族や親せきが東京に住んでいる人も、『東京くらし防災』、『東京防災』、『東京都防災アプリ』の活用を強くお勧め**します。

3 避難訓練や防災教育等の実施

これまで述べてきた通り、東京都は様々な取り組みをハード、ソフト両面で行っています。避難訓練や防災教育等も盛んに行っています。そして「東京防災プラン進捗レポート２０２３」には非常に興味深い多くの実施状況、アンケート調査結果等が報告されています。以下にそのいくつかを紹介します。

図３－７は地域の防災訓練に参加した人の割合です。参加している人の割合は年々減少傾向にあり、２０２２年度は17・７％となっています。

図３－８は家具類の転倒・落下、移動防止対策の実施状況です。すべての家具類の対策をしているという回答の割合は９・５％で、逆に実施していない人は50％近い割合になっています。

図3-7　地域の防災訓練に参加したことのある人の割合（単位：%）

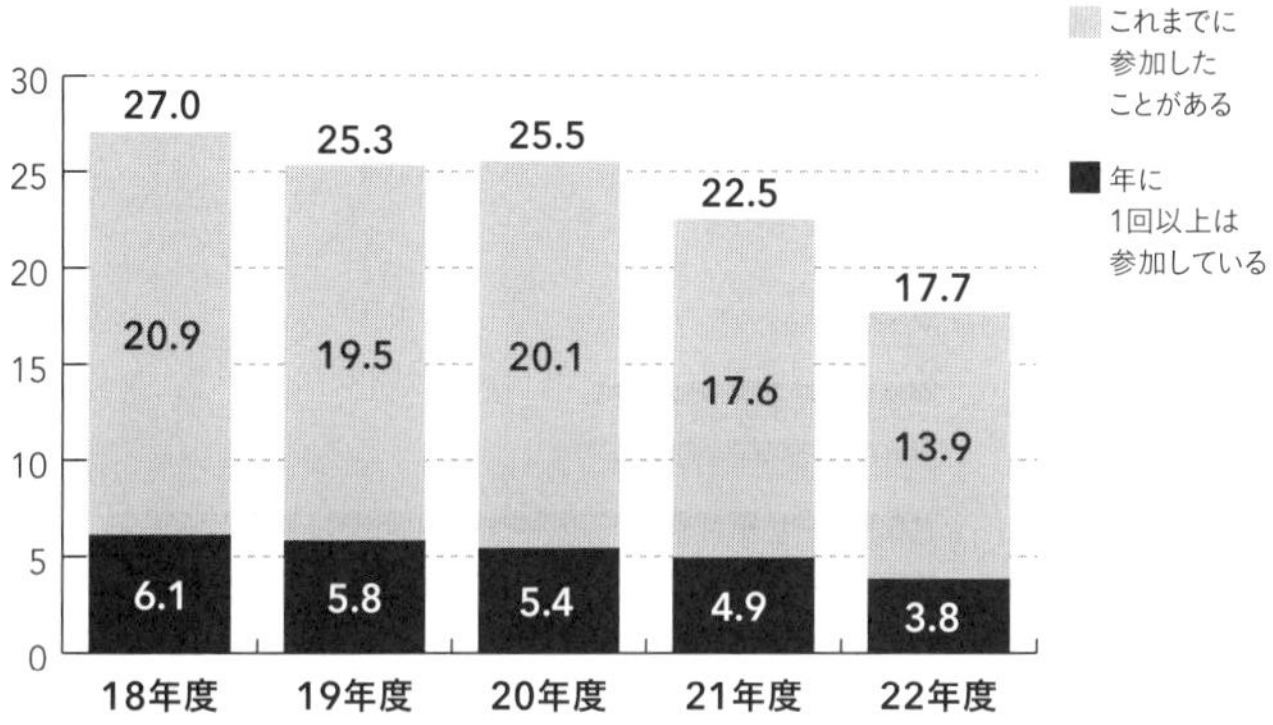

東京都防災 HP より制作

図3-8　家具類の転倒・落下・移動防止対策の実施状況（単位：%）

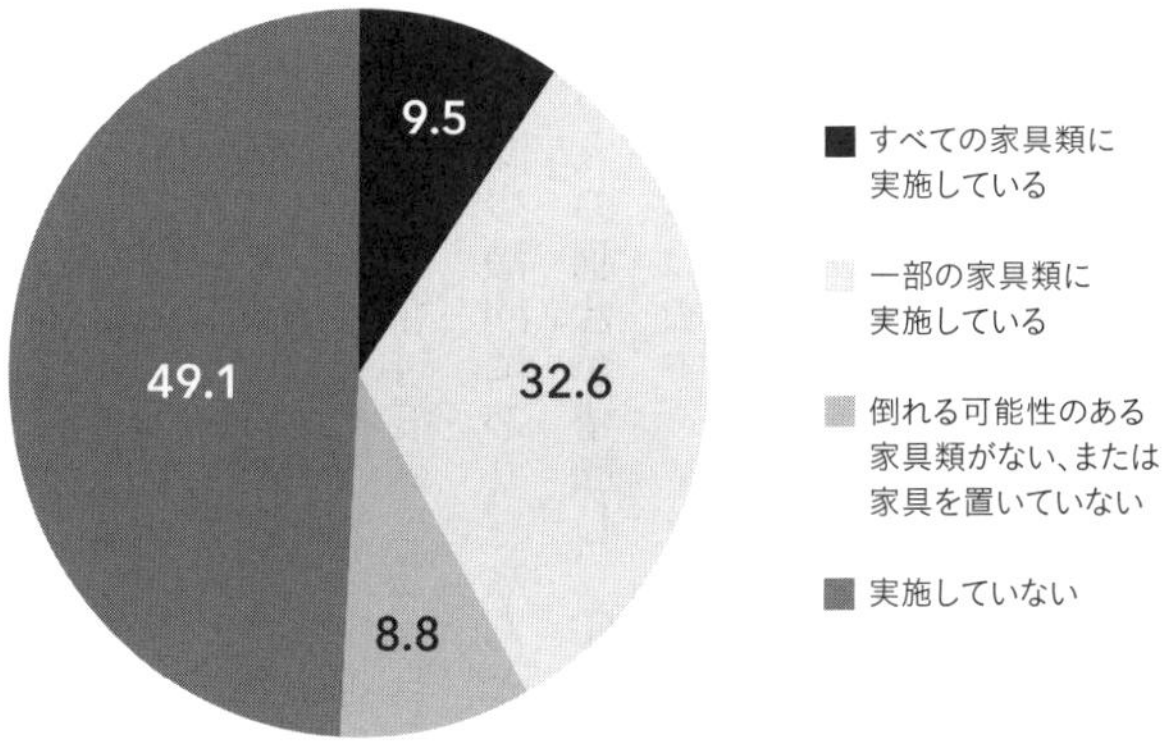

東京都防災 HP より制作

図3-9 出火防止対策としてなにを行っているか

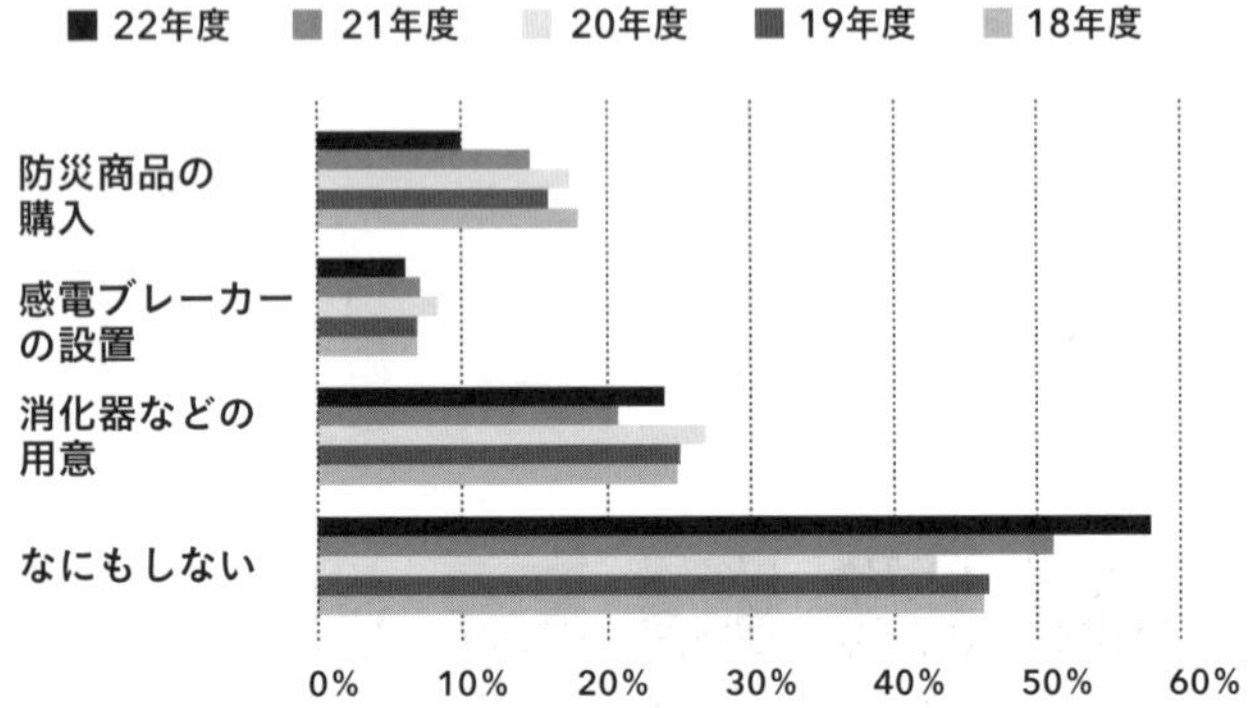

東京都防災HPより制作

図3－9は出火防止対策として行っていることです。防炎商品の購入が10〜20％弱、感震ブレーカー設置が10％未満、消火器等の用意が10〜25％です。何もしていないとの回答が約50％。図3－7と同様、ここでも対策をしている人の割合が年々減少傾向にあり、**なんと何もしていない人の割合が増加し、60％近くにも及んでいる**のです。

図3－10は災害時の情報収集手段です。一番多いのはテレビで50％強となっていますが停電するとテレビは基本的に使えません。そのほかラジオ、スマートフォン、公共機関のサイト、インターネットなどはほぼ30％となっています。

図3-10　災害時の情報収集手段

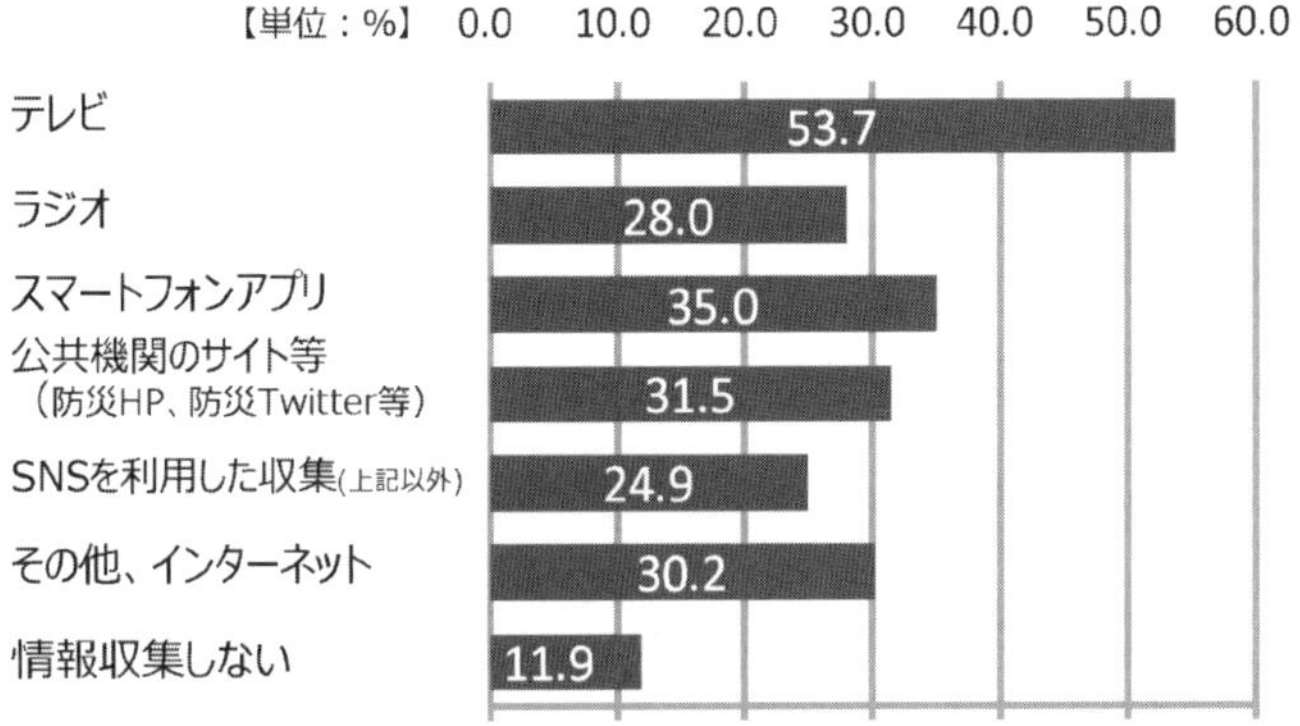

東京都防災 HP より制作

そして**そもそも情報を収集しない、という回答の割合が約12%**あります。何も考えていないということなのか不明ですが、災害時に一番困ってしまう人が一定数いるのは事実です。

図3－11は安否確認方法として災害用伝言ダイヤルを、または災害用伝言板を知っているか、という問いに対する回答です。**両方とも利用（練習）したことがあると回答した割合は6%前後と非常に少ない**です。またサービスがあることは知っているが利用したことはないという回答は年々減少傾向にありますが、逆にサービスがあること自体を知らないという回答が増え続けており、非常に危うい

図3-11 安否確認方法で「災害用伝言ダイヤル」または「災害用伝言板」を知っているか

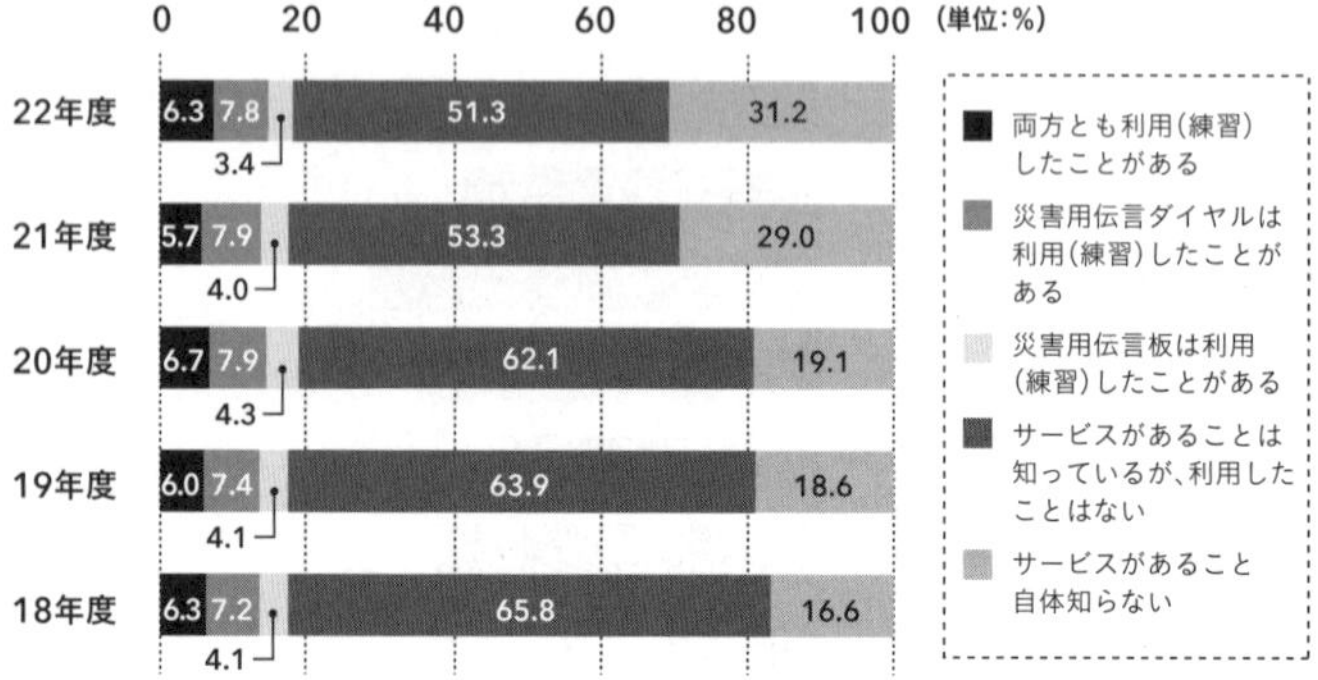

東京都防災 HP より制作

図3-12 冷蔵庫や戸棚にある食料で、何日間食事をとることができるか

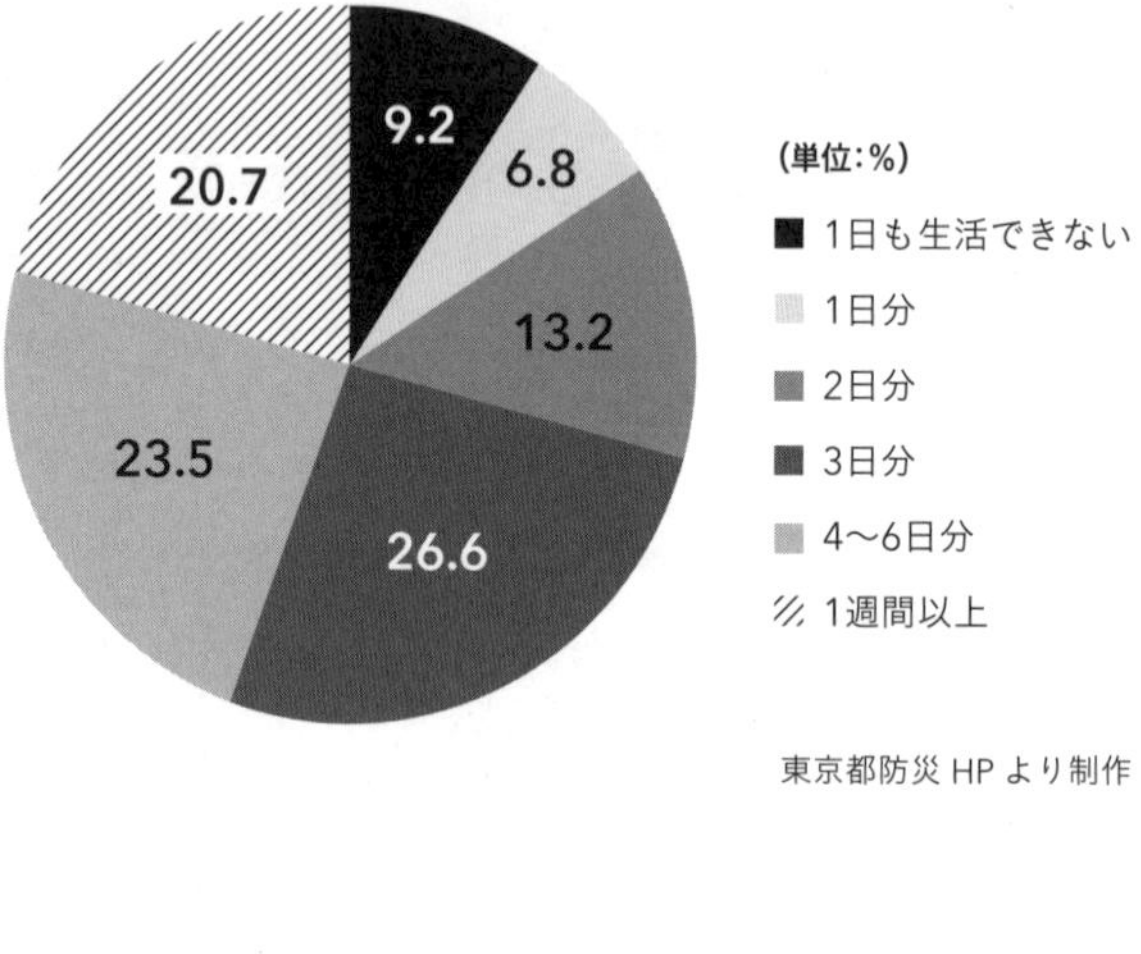

東京都防災 HP より制作

状況であることが見えてきます。

最後に**図3－12**は冷蔵庫や戸棚にある食料等で、何日間食事をとることができるか、という問いに対する回答です。1日も生活できないという回答が約9％、逆に1週間以上が約20％となっています。先に述べたように物資が届くのは発災後4～7日といわれているので最低でも1週間分の備えが必要と考えられますので、**80％近い人が食料がない中で過ごす期間が発生する可能性**があります。

以上、アンケート調査結果のいくつかを紹介しましたが、東京都の努力に対して、都民の防災意識があまりに低い、しかも年々劣化しているという印象はぬぐえません。

一般にアンケート調査に回答する人はその問題に対して比較的意識を持っている人と考えられます。ですからこのアンケートに回答していない大多数の人はさらに防災意識は低いのではないかと危惧せざるをえません。

今、首都直下地震が起こったら大変なことになります。

次に述べる個人の備えをしっかりと実行しておくことが命を守ることにつながります。

4 個人の備え

1 平時の備え

首都直下地震の場合、緊急地震速報が出されると思いますが、**首都圏は震源が近いために、緊急地震速報の前に突然強い揺れが襲って来る**と考えられます。したがって、日頃から生活の中で、今、突然強い揺れが襲ってきたらどう身を守るか、ということを考えておく必要があります。**通勤・通学の時間帯も考えておく**必要があります。南海トラフ巨大地震で述べたことと共通な点も多くありますが、それぞれ住むエリアのみ読まれる方も想定して、重要なことですのであえて記載します。

① 安否確認手段・避難場所の確認

まずは家族、親せき、友人、仕事の関係、その他地震発生後に安否確認をとる必要のある人の連絡先の一覧表を作って持ち歩くようにしましょう。その際、連絡方法は

1通りではなく、できるだけ複数用意しましょう。

地域の避難場所の確認、そこへ行くルートを確認しておきましょう。そしてそのルートを実際に歩いてみて、がけ崩れ、古いブロック塀、倒れそうな古い家、川の堤防など危険な場所はないかどうかのチェックもしましょう。ハザードマップなどを参考に、また実際に歩くなどして避難ルートも1通りではなく複数考えておきましょう。

② 生活必需品の備蓄

水・食料・携帯トイレ等の生活必需品の備蓄は最低3日分と言われていますが、**図3-4**で説明したように早くて4日後に物資が調達できる、ということが前提になっています。したがって、**避難所、あるいは避難所以外で避難している人に物資が4日後に届く保証はありません**。最低でも1週間分、さらにできるだけ多く備蓄しましょう。そして賞味期限のあるものは日常の生活でも使って、順次使った分を買い足すローリングストック方法を日常としましょう。

また水・食料だけでなく、懐中電灯、ラジオ、非常用医薬品、救急キットなどの必要な備品を用意しておきましょう。ハザードマップにはどのようなものが必要か、役に立つかなどの情報がありますので、自分に、あるいは各家庭の事情に合わせて準備しましょう。

③耐震性、耐火性の向上を

まずは住居に耐震性があるかどうかのチェックをしましょう。このことは南海トラフ巨大地震の5の項で説明した通りです。

家屋が倒壊しなくても室内の家具や什器類で怪我をしたり、最悪の場合には命を落とすこともあります。家具の固定、倒れないための工夫、倒れても大丈夫なような配置の工夫などをしましょう。特に夜寝ているときに地震が起こっても大丈夫なように寝室には極力物を置かないようにしましょう。

強い揺れに反応して自動的に電源が落ちる感震ブレーカーの設置をお勧めします。阪神・淡路大震災、東日本大震災のときには、通電火災が多く起こりました。停電が復旧して通電が始まったとき、電熱器や電気ストーブなどに地震の揺れで衣服やカーテンなどの燃えやすいものがかかっていて、それらが燃えて火災になったというものです。感震ブレーカーがあればこのような火災を防ぐことができます。

④災害保険の検討

繰り返しになりますが、地震や津波による被害を補償するために、地震保険や災害保険に加入することを検討してください。

⑤地域の防災勉強会や避難訓練への参加

地域の防災勉強会や避難訓練などに積極的に参加し、正しい知識の習得、正しい行動や避難手順を学びましょう。これらに参加することで地域の人たちとのネットワークができ、お互いに命を助けることにつながります。訓練の経験が実際の災害時にどれだけ役に立ったか、過去の災害を体験した人たちが証言しています。

また、阪神・淡路大震災ではコミュニティの弱いところとコミュニティのしっかりしていたところでは救助活動に大きな差が出ました。実際に**倒壊した家屋から救出された80％の人は家族や隣近所の人に救助**されました。

⑥「自分は無関係」と思ってしまうことをやめる

「正常化のバイアス」という言葉があります。「災害が起こっても自分は大丈夫……」という感覚です。私はこれまで災害に遭った多くの人からヒアリングをしています。そして共通の言葉を聞いています。「まさかここがこんなことになるなんて……」「まさか自分がこんな目に遭うなんて……」と口々に話されます。

災害に対して多くの人は、自分は無関係と思っています。しかしながら現実は容赦なく私たちに襲いかかってきます。自分が住んでいるところにどのような災害が起こるか、自分がその災害に巻き込まれたらどうするか、ということを常に考えて被害をできるだけ小さくするように備えましょう。備えあれば憂いなし、これは真実です。

2 地震時の構え

① 無防備な就寝時の時間を安全にしておく

よく、「強い揺れがきたら机の下に潜って頭を腕で守って……」と言われていますが、そのようなことができるのは非常に限られた時間です。**表2－12**に示したように、1年は8766時間です。通学している児童、生徒の土日、祝日、長期休みを考慮すると、学校にいる時間は小学校低学年では1500時間程度、中学生で部活動をしている生徒でも2500時間程度です。

出社する人の場合は、**1日平均2時間残業したとしても年間2400時間程度会社にいる計算で、残りの6366時間は関係ない場所にいる**ということがわかります。そしてその半分は睡眠時間と考えてよいでしょう。寝ているときは完全に無防備ですから、「家庭での地震対策」で述べたように、寝室を安全にしておくことが大変重要です。

② 避難の際はブレーカーを落とす

首都直下地震で怖いのは火災です。**図3-3、表3-5**にあったように、多摩川、荒川流域の広い範囲を中心に約900か所での出火が想定されています。この数を可能な限り少なくする必要があります。阪神・淡路大震災、東日本大震災では電気が回復したときに起こる通電火災がたくさん起こっています。それを防ぐためにはブレーカーを落として避難すると大きな効果があります。設定値以上の揺れを感知すると自動的に電気の供給を遮断する感震ブレーカーというものもありますが、導入は浸透しておりません。
もちろん火災が起こったときに初期消火をすることは最優先ですべきことです。

③むやみに移動を開始しない、自動車を利用しない

道路にも大きな被害が出てきます。想定では橋脚、橋梁の被害率が1割程度ですが、たったこれだけでも道路機能は大幅に低下し、大渋滞が起こると考えられます。家屋が倒壊して道路をふさぐ、液状化や強い揺れで道路が凸凹になり通行できなくなる、交通事故、車の火災、といったことも当然起こります。まず、**車による避難は不可能と考え、事前に車を使わない避難方法**を考えておきましょう。

④物資・燃料の買いだめ、買い急ぎをしない

これまでの災害でいつも起こっているのが、災害直後のスーパーやコンビニでの買いだめ、買い急ぎ。すぐに食料品、飲料水、トイレットペーパーなどの生活必需品がなくなります。起こってから慌てて店に駆けつけ長時間並ぶ、待つなどしていては体力・精神ともに疲弊してしまいます。すでに述べたように、必要なものは1週間分以上のストックをしておきましょう。3日分では足りません。

⑤近所で助け合う

南海トラフ巨大地震の備えと同様、日頃から地域の人たちとのネットワークを作っておき、いざというときにはお互いに声を掛け合い、助け合いましょう。

関東地震に警鐘を鳴らした今村助教授、否定した大森教授

1923年の関東大震災が起きる前、1905年に、当時、東京帝国大学地震学教室の助教授だった今村明恒氏は、過去の関東地方で起こった地震を詳細に調査し、「将来地震が起これば大火事に見舞われ、死者も最悪の場合20万人に及ぶ恐れがあること、それに備え、東京市全体の耐震化、耐火化を進めるべきである」と雑誌に寄稿しました。最初、その記事は注目を浴びませんでしたが、翌年、新聞社がセンセーショナルに記事を掲載すると、当時、東京で頻繁に地震が起こっていたこともあり、東京市民は一種のパニック状態になりました。

この状況を見て、同地震学教室教授の大森房吉氏は、「新聞記事で紹介された今村助教授の論文はまったく根拠がないので冷静になるように」と呼びかけました。大森教授の本心はわかりませんが、少なくとも浮足立った人々を平静にする、ということを最優先したのでしょう。

ご存じのようにその後、1923年9月1日に関東地震（関東大震災）が発生、

死者10万5000人、そのうちの約9割が火災による犠牲者で、ほぼ今村助教授の指摘したような被害が生じました。

大森教授はこの地震発生をオーストラリアの天文台で知りました。ちょうど天文台の地震計を見ていたときにゆっくりと地震計の針が揺れ、長く続きました。それは遠くで大きな地震が起きたことを示すもので、大森教授は関東地震を直感したとも言われています。大森教授も関東に地震が起きる可能性をよく理解していたのではないでしょうか。

その後、病に倒れた大森教授は地震学教室を今村助教授に託します。地震学教室を継いだ今村教授は、私財を投げ打って地震観測、地震防災に生涯を捧げました。

第3章の参考文献

1　内閣府、中央防災会議、首都直下地震対策検討ワーキンググループ『首都直下地震の被害想定対策のポイント』（2013年12月）
https://www.bousai.go.jp/kaigirep/chuobou/jikkoukaigi/03/pdf/1-1.pdf
2　内閣府、中央防災会議、首都直下地震対策検討ワーキンググループ『首都直下地震の被害想定と対策について（最終報告）』（2013年12月）
3　（公社）土木学会『「国難」をもたらす巨大災害対策についての技術検討報告書　平成29年度会長特別委員会、レジリエンス確保に関する技術検討委員会』（2018年6月）
4　東京都『首都直下地震等による東京の被害想定』（2022年5月）
5　吉村昭『関東大震災』（文春文庫　2004年8月）
6　東京都『首都直下地震等による東京の被害想定』（2012年4月）
7　東京都『東京防災プラン2021』（2021年3月）
8　東京都『東京防災プラン進捗レポート』（2023、2024年3月）
9　東京都『東京都防災模試』（2022年9月）
10　東京都『防災ブック「東京くらし防災」・「東京防災」』（2024年6月）
11　萩原尊禮『地震学百年』（東京大学出版会、1982年9月）

第4章

災害に強い日本を作るために

２０２３年３月７日、宇宙航空研究開発機構（ＪＡＸＡ）の地球観測衛星「だいち３号」（ＡＬＯＳ－３）がＨⅢロケット１号機とともに消えてしまいました。ＨⅢロケット１号機の打ち上げ失敗です。このことは関係者に大きなショックを与えました。「だいち３号」には南海トラフ巨大地震の被災状況把握を念頭に、様々な機能が装備されていました。空間解像度80センチメートルのカラー画像が取得可能で、センサーを傾けることで一度に広い範囲を撮影できる機能も備えていました。私もその仕様の策定には少しだけ関わっていたので大きなショックを受けました。

翌年の２０２４年２月17日、ＨⅢロケット２号機の打ち上げは見事成功します。そして７月１日、「だいち２号」（ＡＬＯＳ－２）の後継機である「だいち４号」（ＡＬＯＳ－４）が種子島宇宙センターから、ＨⅢロケット３号機で無事打ち上げられました。現在、ＡＬＯＳ－２との連携も含めて実運用に向けて各種テストが行われています。この本が出版される２０２５年早々にはＡＬＯＳ－４も地球観測の運用が開始されるでしょう。機能は次で詳しく紹介しますが、防災上、大きな期待が寄せられています。

これまで述べてきたように、日本には南海トラフ巨大地震、首都直下地震という大きな地震災害が起こることが想定されています。１９９５年に阪神・淡路大震災、２０１６年に熊本地震、２０２４年に能登半島地震、日向灘地震など、相次いでＭ７クラスの地震が起こっています。これは西日本の地下に相当の地震エネルギーが蓄積されており、活断層のある弱い地殻が破壊していると見ることができるでしょう。

さらに、南海トラフ巨大地震が発生する前にも全国のあちこちで地震が起きると想定されています。また関東でも様々なところでＭ７クラスの地震が起こることが想定されます。

この大変な災難を乗り越えるためには**最新の科学技術を駆使し、その成果を防災・減災に結び付ける施策**を実行し、国民全体が情報共有し、対策を実行する必要があります。この章ではそれらの可能性について述べるとともに実行に移すべきことを述べます。

1 最新の科学技術による地震観測システム

1 衛星リモートセンシング（遠隔観測）による宇宙からの観測

２０１１年の東日本大震災を契機に、**地球観測衛星によるリモートセンシングが防災・減災に有効であるということが改めて認識**されました。リモートセンシングとは、「離れた位置から調べること」です。当時はＪＡＸＡの地球観測衛星「だいち」（ＡＬＯＳ）が運用中で、三陸海岸の被災の様子、特に津波の被害の様子、海岸線の変化の様子などを見事に観測していました。ただ残念ながらこの時はまだ被災地や防災関連機関にその情報を提供するというシステムは構築されておらず、現場で実際に使われることはありませんでした。

人工衛星を搭載して地球を観測するセンサーには大別して2種類あります。１つは光学センサーといい、可視光（赤色〈Ｒｅｄ〉、緑色〈Ｇｒｅｅｎ〉、青色〈Ｂｌｕｅ〉のＲＧＢといわれている光の三原色）、および赤外線を観測するセンサーです。このセンサーで観測されたデータは、あたかも航空写真のように、人間の目で見てすぐに地上の様子を理解できるように画像処理できます。しかしながら太陽光の反射波を観測しているので、太陽の出ている昼間しか観測できません。しかも人間の目で見えるように、ということは雲が上空を覆っているとその雲が映って、地上を見ることができません。

もう1つのセンサーはマイクロ波センサーといい、人工衛星がマイクロ波を地上に向けて照射し、その反射波を観測します。合成開口レーダーとも呼ばれます。人工衛星自身がマイクロ波を照射することで太陽が出ていない時間、すなわち夜でも観測ができます。しかもマイクロ波は可視光に比べて波長が長いため、雲を透過しますので、天気が悪くても地上の様子を観測できるのです。**昼でも夜でも、天候にかかわらず地上を観測できる、災害のモニタリングには最適なセンサー**です。

そう書くと非常にスグレモノのように思われますが、マイクロ波センサーにも弱点があります。光学センサーはＲＧＢに加え、赤外線を入れて４種類以上の波長の波の観測をしています。一方のマイクロ波センサーは1種類の波長です。つまり色をつけて人間が見てすぐわかるような処理が基本的にはできないことを意味します。マイクロ波センサーのデータを処理し、かつその結果を解釈するには、ある程度高度な技術が必要になってくるのです。

防災上は光学センサーとマイクロ波センサーの両方をうまく使って解析をすることが理想です。「だいち」はこの両方のセンサーを搭載していました。ただ残念なことに「だいち」は２０１１年5月に突然観測ができなくなりました。「東日本大震災の観測で頑張りすぎたのか」と私は感慨を覚えました。現在ＪＡＸＡの地球観測衛星はマイクロ波センサーのみを搭載した「だいち2号」が地球の観測をしています。同じく「だいち4号」も観測を開始します。

この章の最初に述べたように２０２３年度中に「だいち3号」が打ち上げ予定でしたが、ＨⅢロケットとともに宇宙に消えてしまいました。「だいち3号」は光学センサーを搭載していて、ＲＧＢの他に3種類の赤外線も観測できました。また空間解像度が80センチメートルというすごい機能を持っていました。これは「だいち」の2・

5メートルの約3倍の解像度で、3分の1の大きさのものを見ることを可能とするものでした。しかも南海トラフの巨大地震発生後の太平洋沿岸の観測を念頭に置いていたので、衛星を傾けて一度の軌跡（パス）で非常に広い範囲の観測を可能としたり、日本国内の撮影をほぼ24時間以内に可能とする機能も装備されていました。消えてしまったのは本当に残念でなりません。

今、JAXA、国（内閣府）は、**南海トラフの巨大地震、首都直下地震を想定して、「だいち2号」、「だいち4号」、そして海外の人工衛星も含めて被災地のどこをどのタイミングで観測できるかをシミュレーションして、一刻も早い被災地の情報提供の準備を進めている**ところです。

可能な限り多くの人工衛星を活用して、被災地をできるだけ早く観測し、膨大な量の衛星データをAIを用いて迅速に解析し、その結果を政府や被災都道府県、防災関連機関等に速やかに提供するというシステムを検討しています。その検討会である大規模災害衛星画像解析支援チームの座長を僭越ながら私が務めています。

２０２４年2月17日、ＪＡＸＡはＨⅢロケット2号機の打ち上げに成功しました。試験的にこのロケットには小型衛星が搭載されていましたが、その空間解像度は「だいち3号」と同様に80センチメートルという性能を持っています。ただ小型であるがゆえに観測範囲が「だいち3号」に比べて狭いという弱点があります。その弱点を補うために今後たくさんの小型衛星を打ち上げることが考えられています。

ＪＡＸＡの「だいち2号」、「だいち4号」に加え、民間会社の打ち上げる人工衛星を連携させて（コンステレーションといいます）、衛星データを防災・減災に使う技術はこれからますます発展し、被災地の観測には不可欠の技術となると思います。

実際、**能登半島地震でもＪＡＸＡ、民間企業の打ち上げた人工衛星がたくさんの画像を撮影し、災害対策に利用**されました。現在はこの経験を活かして、さらに迅速に撮影、解析し、正確な情報を必要としている機関に届けるためのシステム作りが進められています。

2 海底地震・津波観測システム

国および防災関連機関は被害想定だけでなく、一刻も早く地震を感知し、国民に知

図4-1　海底地震・津波観測システムDONET1、DONET2の観測網

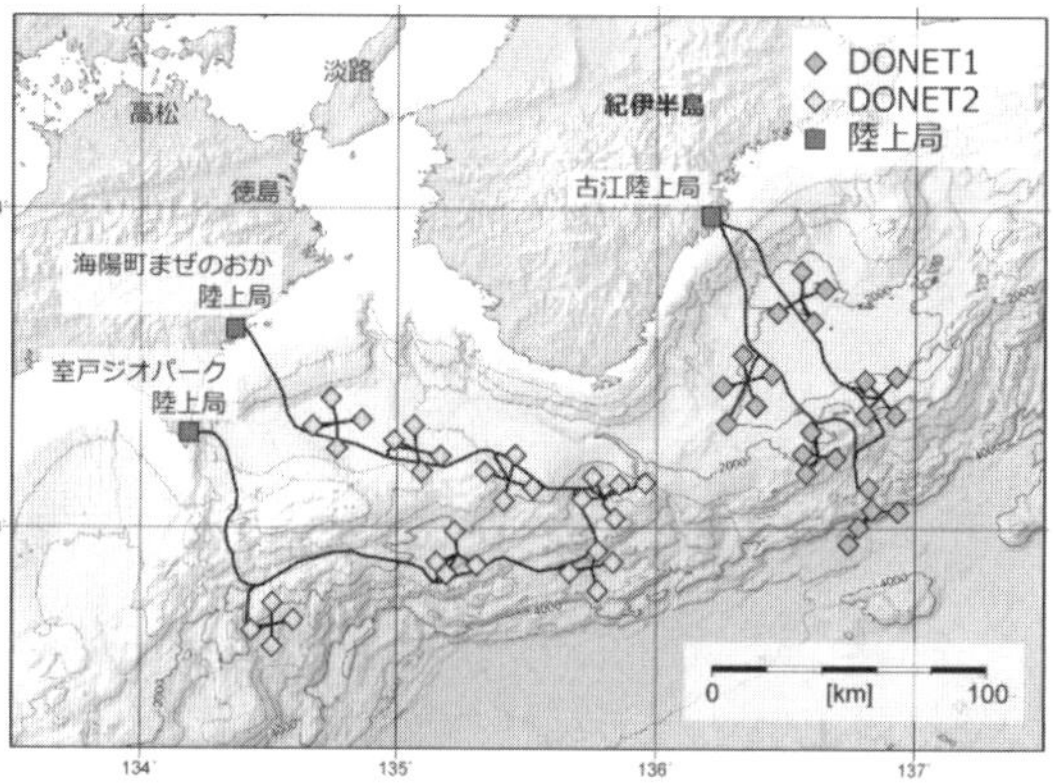

防災科学研究所HPより

らせ、被害を最小限に抑えるために様々なことを行っています。その1つに海底地震・津波観測システムの展開があります。南海トラフ巨大地震に関しては、国立研究開発法人防災科学技術研究所（以下、防災科研）が運用している海底地震津波観測ネットワークDONETがあります。

1944年の昭和東南海地震、1946年の昭和南海地震では熊野灘と紀伊水道沖で破壊がはじまり、昭和東南海地震では伊勢湾沖、静岡県沖に、昭和南海地震では高知県沖にかけて破壊が広がりました。その前の1854年の安政の東海地震と南海地震では破壊が熊野灘から東海沖ではじまり、そこから破壊が広がりました。そこで、これら巨大地震の破壊の開始域（震源域）に地震と津波（正確には水圧）を観測するシステムが敷設されています。熊野灘に展開されている観測網がＤＯＮＥＴ１、紀伊水道沖に展開されている観測網がＤＯＮＥＴ２です（図４－１）。

また２０１７年度から、日本海溝から千島海溝に至る東日本太平洋沖にも地震・津波観測ネットワークが展開されています。このネットワークは、「日本海溝海底地震津波観測網」通称Ｓ－ｎｅｔと呼ばれています。

緊急地震速報は２００７年10月１日から気象庁がはじめていますが、防災科研が運用しているＤＯＮＥＴおよびＳ－ｎｅｔの観測データを活用した緊急地震速報も２０１９年６月より開始されています。これにより、**緊急地震速報（警報）の発表が、紀伊半島沖から室戸岬沖で発生する地震については最大10秒程度、日本海溝付近で発生する地震については最大で25秒程度早まる**ことが期待されています。

2 防災、地震予知への挑戦

1 これまでの地震予知計画

日本の地震予知に関する研究は、1965年8月に長野県松代町（現長野市）ではじまった松代群発地震をきっかけに、1969年に政府によって設立された「地震予知連絡会」（事務局は国土地理院）よりスタートしたといえます。地震予知連絡会は、地震に関する観測研究を実施している関係機関や大学の委員で構成されています。本会議は年4回定期的に開催され、討議の内容は会議後の記者説明会を通じて、一般に公表されています。関係機関や大学から地震予知連絡会に報告された観測成果は、地震予知連絡会会報として年2回まとめられます。

そして1995年1月に発生した阪神・淡路大震災を契機に、地震防災対策特別措置法が制定され、地震活動の評価は「地震調査研究推進本部」（本部長：文部科学大臣）の「地震調査委員会」が担当することになりました。ここで行う地震活動の評価とは、南海トラフ巨大地震に関連しては、海溝型地震の発生予測手法の高度化、首都直下地震に関連しては、内陸で発生する地震の長期予測手法の高度化がそれに相当します。

その後起こった２０１１年3月に発生した東日本大震災の予知はできず、従来の手法だけでは地震予知が困難であることが改めて示されました。

気象庁のホームページによると、「地震を予知するということは、地震の起こるとき、場所、大きさの三つの要素を精度よく限定して予測すること」とあります。しかしながら、**現代の科学的知見からは、そのような確度の高い地震の予測は難しい**といえます。現代の科学的知見とは、従来の地球物理学や地震学の限られた分野の中での知見で、私はこの分野以外からの知見も併せて予測を行う必要があるのではないかと考えています。

地震を予知する試みは以下に紹介するように、従来の地球物理学や地震学以外の分野でもアプローチがなされています。地震の予兆現象を科学的に見出し、「地震予測情報」を発信する試みは、東日本大震災以前から、また以降も複数の研究者によって精力的に進められています。

これは従来の研究が、地震発生のメカニズムの解明を目的としていて、その延長線上に地震予知ができると考えられており、地震の前兆を捉える研究がほとんどなされてこなかったという背景があるようです。**東日本大震災を予知できなかったのは、日本の地震学の従来のスタンスや、国家プロジェクトとしての「地震予知計画」が、地震の前兆現象を捉えることを目的としていなかった**ことが原因と考えられています。

正確で精密な地震予測は非常に困難な課題であることは間違いありません。だからこそ、様々な分野の研究者がそれぞれの強みを活かしながら、膨大な観測データを最新のビッグデータやＡＩなどを駆使して解析し、総合的かつ実践的な研究を国家プロジェクトとして進めて行く必要があると考えます。地震予知の成否には極めて多くの人命、そして日本の経済の浮沈がかかっています。決して研究のための研究で終わらせてはならないのです。

2 スロースリップの研究が本震を予測できる

従来型の地球物理学的アプローチ以外のアプローチの必要性を述べましたが、従来型のアプローチである地殻の変化の観測では、地殻の伸縮、傾き、隆起や沈降などが

図4-2　通常の地震とスロースリップの違い

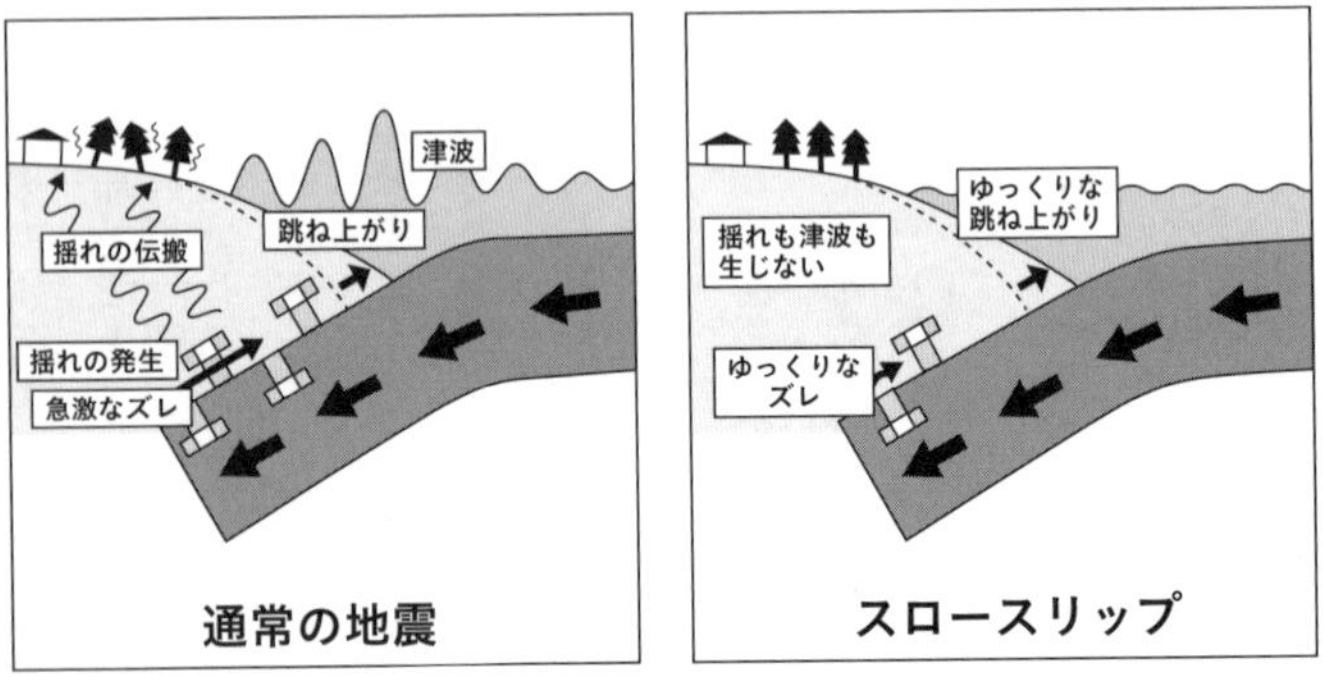

地震本部のホームページ：気になる地震、スロースリップより

極めて高い精度で観測されています。地震の前にはこれらに変化が現れるということでこれまで研究が行われていました。また阪神・淡路大震災の後には、極めて高密度の地震観測網が整備されてきました。そしてその成果の1つとして**「スロースリップ」という現象が最近着目されています。**スロースリップとは第2章の3でもお話をした「ゆっくりすべり」のことです。

地震は、地殻に蓄積されたひずみエネルギーが、断層のすべり（破壊ともいいます）によって一挙に解放される現象です。通常の地震では、おおまかに断層が1秒間に約1メートルという速度ですべり、地震波を発生します。地震が海底で起こり断層の動きで海底が上下方向に動くと、海水を上下に動かして津波を発生させます（図4－2）。

一方、スロースリップとはそれよりもゆっくりと断層がすべる現象で、**地震波を発生せず、海底が動いてもその動きがゆっくりなため津波も起こりません**。このスロースリップは２０００年代初頭から日本の非常に密な地震観測網により検出されるようになりました。その後、日本だけでなく、世界中のプレート境界においてもスロースリップが検出されています。現在では、プレート境界の断層では、**スロースリップと高速なすべり（通常の地震）の両方が発生していて、お互いに影響をおよぼし合っていると考えられ**、重要な研究テーマとなっています。

スロースリップと巨大地震との関連を示すものとして、２０１１年の東日本大震災の例があります。本震の2日前に発生した前震（Ｍ７・３）の後にスロースリップが発生し、それが本震の破壊開始点に向かって移動したことが、本震となる断層の破壊を促進させた可能性があると研究でわかりました。

もしスロースリップが多くの場合に大地震の前に起こるとすれば、大地震の予知につながることになり、大いに期待できます。

3 GPSなど宇宙観測技術の活用

地殻の変動は地表面の変動に現れることが考えられます。アメリカの全地球測位システム（GPS）のデータを用いて**地表面の移動を検知し、応力が蓄積している地域を見つけ出そうとする研究**があります。

東海大学の長尾年恭教授は、GPSによる地形変化（地殻変動）の観測だけでなく以下に説明する電離層の異常の観測、電磁波の異常、地下水の水位・温度変化の異常なども取り上げられています。

またリモートセンシングの専門家である村井俊治東京大学名誉教授は、GPSを使った「測量工学的なアプローチによる地震予測」を行うとともに、GPS以外にも低周波の音、低周波の電磁波、電子基準点を使った電離圏の乱れなどの観測と、AIを用いたデータ分析手法を駆使して予測精度の向上を目指しておられます。

GPSの他には、前述のマイクロ波センサーのデータを用いた干渉合成開口レーダー（InSAR）などを利用する技術があります。これは2つの時期の衛星からのマイクロ波を用います。もし地表の位置がずれていたら、最初に照射したマイクロ波の反射波と2度目に照射したマイクロ波の反射波にずれが生じます。これを位相差といいますが、この位相差から地表の微小な変動を検知する技術です。

また、衛星による重力の観測結果を地図に表すことによって、地殻変動をモニタリングすることができます。**地震前には重力が変動することがあり、これをモニタリングすることで地震の可能性を予測しようとする研究**が進められています。さらには地球観測衛星が提供する様々なデータ、地表の温度、植生の変動などを利用して地震発生前の変動を検知することも試みられています。このように衛星データを用いた予知に関する研究も盛んに行われています。

4 動物たちの異常行動の観測

地震の発生前には**様々な異常現象が観測**されています。動物が異常な行動をする、地震雲が現れる、それまで聴こえなかったラジオが聴こえるようになる、逆に聴こえなくなる、空が明るくなる発光現象が見られる、井戸の水位が変化する、地中のラドン濃度が変化する、などです。これらを**宏観《こうかん》異常現象**といいます。実際、過去の世界各国の地震でも多くの例が観測されています。

それを表した典型的な例が鯰絵《なまずえ》でしょう。これは鯰が地下で暴れることによって地震が起こるという言い伝えに基づいて描かれた戯画で、１８５５年11月11日に起きた安政の江戸地震の後、江戸を中心に大量に出版されています。これはきっと地電流の変化にナマズが反応したのでしょう。

宏観異常現象については、阪神・淡路大震災でも非常に多く観測されています。元岡山理科大学の弘原海清教授はそれらを集め、編著書『阪神淡路大震災前兆証言１５１９！』として発表されています。弘原海教授はこれら**宏観異常現象を①空と大気の異常、②大地の変化、③人間の心理、④獣類、⑤鳥類、⑥魚類、⑦爬虫類、⑧昆虫類、⑨植物、⑩電気・電子機器類、⑪その他に分類し、このような宏観異常現象は主観的な思い込みや、勘違いではなく、確かに存在することを科学的に検討**されています。

ほぼ時を同じくして、元大阪大学の池谷元伺教授も動物の異常行動を実験的に研究し、電磁波が動物の異常行動を起こすことを示されています。たとえば、５００トンプレス機で花崗岩の破壊実験を行い、その周辺にウナギやドジョウを置きその様子を観察すると、50〜60トンから動物が異常行動をはじめ、花崗岩が３００トンで破壊される直前にはウナギがはじかれたように動きのたうち回ったとあります。その間、花崗岩のそばのセンサーには電磁波が観測され、花崗岩破壊前に出る電磁波と動物の異常行動の関係が明らかになったということです。

残念なことに池谷教授は若くして他界されました。弘原海教授は宏観異常現象と地震活動をコンピュータで解析し、予知に結び付けるシステムを開発され公表されていますが、2011年1月に他界されています。もし、このお二人がいらっしゃったら地震予知の研究はさらに進んだと思うと、残念でなりません。

5 電離層の異常の観測

大きな圧力がかかって岩石が破壊する前に小さなクラックが発生し、それが大きな破壊につながる、そして小さなクラックが発生したときには電磁波が発生する、この現象は圧電効果（ピエゾ効果）として知られています。地震のように非常に大きな力が加わって大規模に地殻が破壊する場合にも大きな破壊（本震）の前に小さな破壊が起こり、これによって電磁波が発生し、その周辺の電離層に異常が現れることが考えられます。その**異常を捕まえることが地震の予知につながるという研究**が行われていま

図4-3　電離層の異常を観測することで地震の直前予知ができる原理

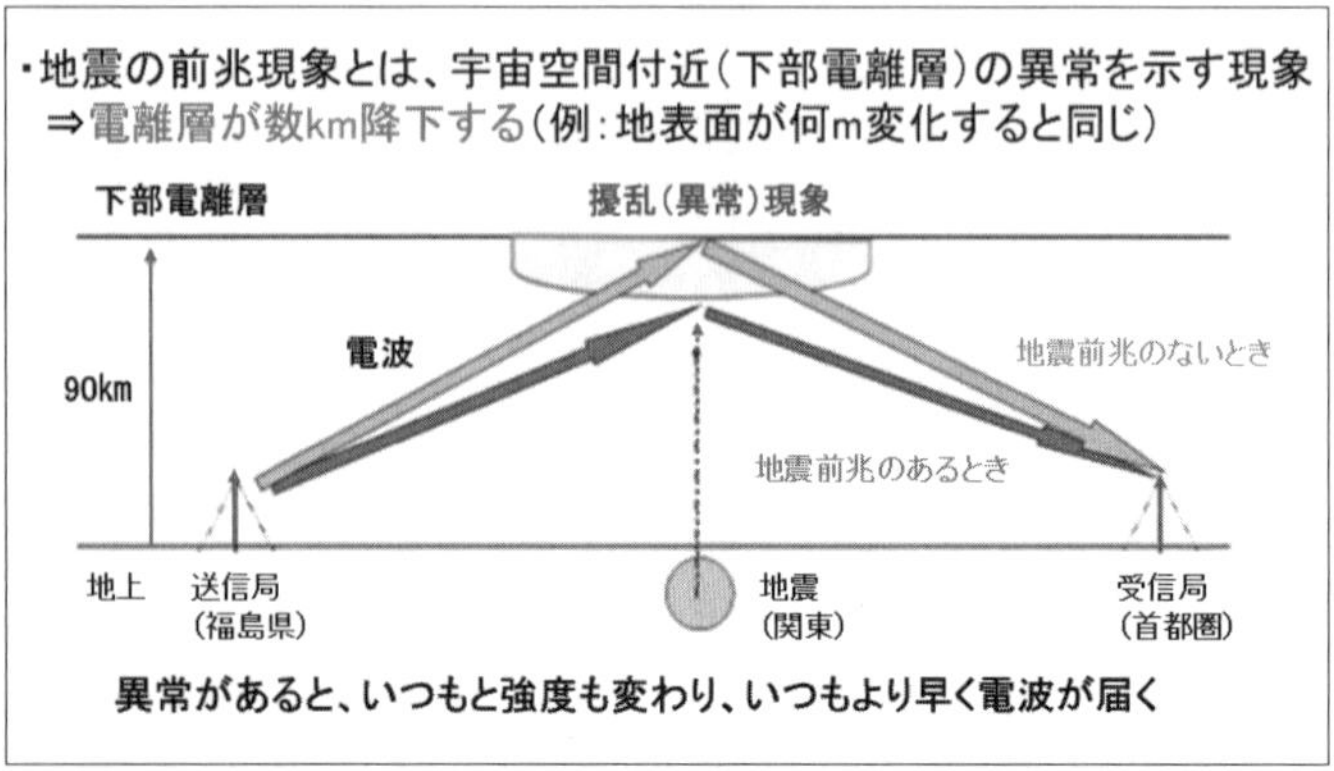

早川正士『電波を用いた地震予知』より

す。電気通信大学の早川正士名誉教授は、電離層の異常をキャッチして地震の予知につなげようという研究をされています（図4－3）。**実際に東日本大震災のほか、様々な前兆を捕まえて**おられます。

実は、先に述べた宏観異常現象のほとんどはこの電磁波の発生とそれによる電離層の異常によって説明できるのではないかと私は思っています。ただ、これまでのこの分野の研究はこの電磁波の異常を観測するポイントが少ないのが課題でした。もっと密に観測網が整備されたら急速に研究が進み、予知の可能性が見えてくるのではないかと思っていました。

その課題を解決し、巨大地震発生の直

図4-4　2011年東日本大震災の直前に現れた電離圏の異常

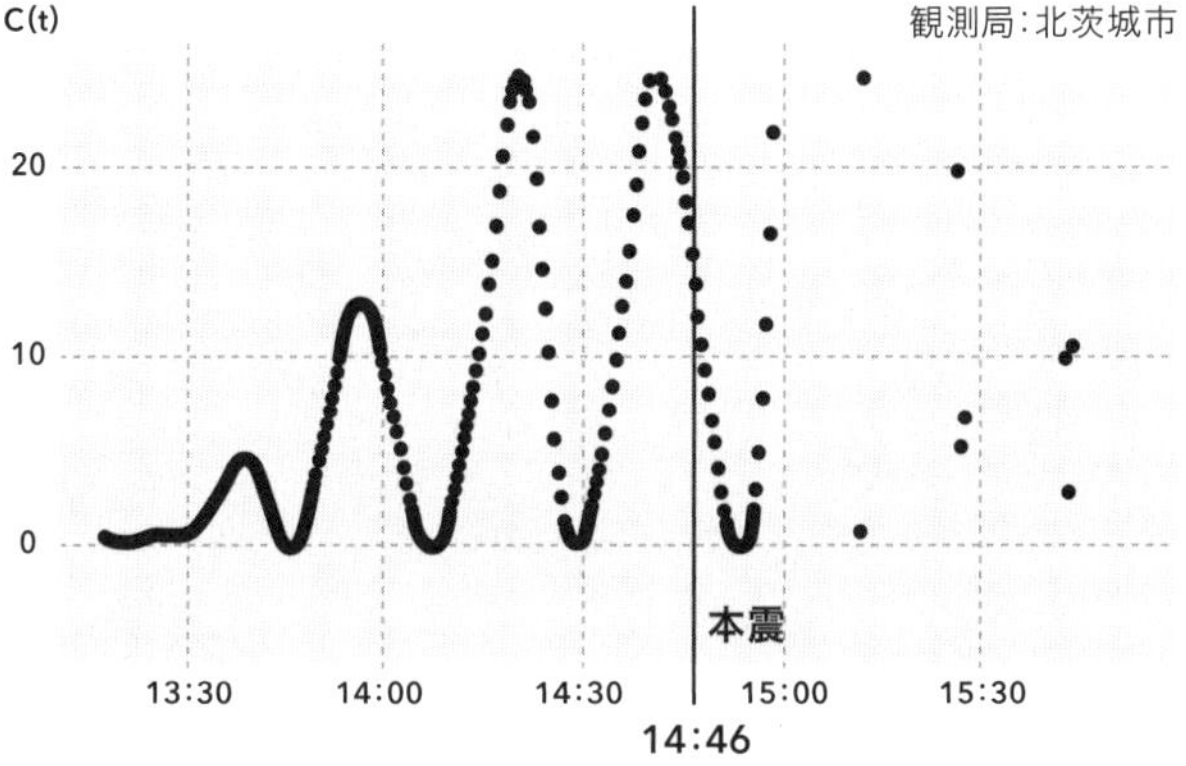

京都大学資料より制作

前予知を可能にする研究をしているのが、京都大学大学院情報学研究科の梅野健教授らです。

梅野教授らは日本全国1300か所という密度の高い電子基準点で受信される準天頂衛星「みちびき」やGPS衛星から地上に送られてくる電波を解析されています。地震が起こる前、スロースリップが起こるとそこから電磁波が出て、電離圏に影響を及ぼします。そうすると、人工衛星から送られてくる電波が途中の電離圏で乱れを生じ、その異常が電子基準点で観測される、ということです。

これまで、**東日本大震災、熊本地震、能登半島地震、日向灘地震においていず**

れも約1時間前から異常が観測されているということです。

図4-4は東日本大震災の直前に現れた異常現象の例です。茨城県北茨城市にある電子基準点の信号と、他の地点の信号との間に違いが現れた（専門的には相関関係に異常が現れた）様子です。普段何もないときには縦軸の相関C（t）はほとんどゼロですが、異常が現れると図のように大きく波打ちます。

もしこれが実装されれば、実に多くの人の命を救うことにつながると私は大いに期待しています。しかしながらお気付きの通り、これらの研究をしているのはいずれも電磁波や地球観測の専門家で、いわゆる地震学に直結する地球物理学の専門家ではありません。

以上、いかがでしたでしょうか。従来の密な地殻の変化の観測網がスロースリップの発見につながったという好例と、電磁波の異常を含めた宏観異常現象の解明、さらには宇宙からの観測技術といった様々な科学技術を総合して、近いうちに天気予報のように「使える地震予知技術」が確立されるものと私は確信しています。

そのためにはこれまで独自に進められていた研究を、国がリーダーシップを取って総合科学として研究を推進する体制を作る必要があります。

ほんの数十年前までは「天気予報と下関のフグは当たらない」と揶揄されていた天気予報ですが、今では非常に高い確率で当たります。ゴルフの前日、数日前には天気予報を見る人が多いのではないでしょうか。コンビニの売り上げにも天気予報は不可欠の情報と聞いています。それと同等、あるいはそれ以上の価値が地震予知にはあると思います。

この本を読んでくださった若い人たちには、ぜひ地震の直前予知につながる研究に興味を持っていただき、1人でも多くの人が日本の、いや世界の地震災害から多くの人の命を救う研究や仕事に携わって欲しいと願っています。

3

一都滅びて国も滅ばないために　首都移転の実情

現在の日本では政治、経済などすべての機能が東京に集中しています。その一方で、地方は少子高齢化が急速に進み、これから消滅する自治体が出てくることが予測される状況で、あたかも「一将功なりて万骨枯る」といった状況です。ここでいう一将とは東京、万骨は46道府県を指します。

しかし、首都直下地震が近づいていることを考えると、この状況は極めて危険です。「一将滅びて万骨枯る」にならないように対策すべきだと考えます。

第3章で詳しく首都直下地震の危険性を述べました。これは主観ではなく客観データに基づいた被害想定です。この結果を政治家や企業の経営者の皆さんは真剣に考慮し、リスクを回避するように行動するべきと思います。多分頭ではわかっていても、国際的に熾烈な都市間競争があり、なかなか実行に移せないというのが実情なのでしょう。その証拠にこれまで何度も首都機能移転、中央官庁や大企業の本社の地方移転のプランが言われてきました。２０１６年からはじまった中央官庁の地方移転事業では、文化庁が京都府に移転したくらいで、ほとんど実現していません。

新型コロナウイルス感染症の影響でリモートワーク、オンライン会議が一気に普及しました。情報ネットワーク環境も相当整備されました。人々の意識もだいぶ変わったかに見えました。長時間かけて通勤しなくても働けるではないか、と。一時東京都の人口が減少に転じたかに見えました。

しかしながら新型コロナウイルス感染症が落ちつきを見せると、また東京都の人口は増加に転じています。日本は東京一極集中是正という絶好のチャンスをまた逃しつつあるように思えてなりません。首都直下地震が起こると、最悪の場合直接被害だけでも１１３兆円を超えます。その経済的損失の影響は長期間にわたり、20年間で７３１兆円にも及ぶとの調査結果もあります。首都東京は機能不全に陥り、日本も沈没するでしょう。

可処分所得という経済用語があります。これは、狭義には給料などで手にする所得から税金や社会保険料などの金額を差し引いた手取り収入を表します。さらには住居費、光熱費、食費など生活していく上で必要な経費もあるでしょう。これらも差し引いて残ったお金を私は「広義の可処分所得」と考えています。

私が山口大学の地域連携担当副学長を務めたときに、東京都と山口県の可処分所得を一家４人（両親と学校に通っている子ども２人）で比較してみました。東京に比べて山口県では約3分の2の生活費で生活できます。確かに山口県の方が平均給料は東京に比べて低いのですが、給料が3分の2ということはありません。ということは山口県の方が可処分所得は高いということになります。これは山口県に限らず多くの地方で言えることではないでしょうか。

もう1つ大切なことがあります。それは「可処分時間」です。東京では1日のうちの通勤・通学の平均時間が約90分になるそうです。山口県の場合、約40分ほどで、東京都の半分以下ですみます。1日50分の差は1年で250日勤務するとして約208時間の差になります。お金は取り戻すことはできますが、時間は決して戻りません。

現在首都圏で仕事をされている方は、可能な限り地方へ転居されることをお勧めします。ICT技術やインターネット環境の整備された現代では、必ずしも首都圏に居住する必要はないのではないでしょうか。緑の多い地方都市の環境で、子育てしながら短時間で通勤できる企業への転職、あるいは転職しなくても在宅（遠隔）勤務という選択肢もあるのではないでしょうか？　またそのような勤務形態を企業は考えるべきです。それは事業継続計画BCPの中に取り入れるべきでしょう。

首都直下地震が発生した場合、自力脱出困難者も含めると、すでに説明したように数万人の死者が出ると考えられます。東京都だけで避難者数は２００万人にも及び、帰宅困難者は４５０万人と想定されています。この人数を賄うだけの食料、水、トイレその他の物資がすぐに行き届くとは到底考えられません。この中の１人とならないためには、今すぐ行動計画を立て、できるだけ早く実行すべきではないでしょうか。

ウェゲナーの大陸移動説

小学生のとき、教室に貼ってある世界地図を眺め、「南アメリカ大陸の出っ張ったところ（ブラジル）が、アフリカ大陸のくぼんだ所（ナイジェリア、カメルーン、ガボンのあたり）にぴったりとはまるのではないか」と思いました。皆さんの中にもそう思われた方は多いのではないでしょうか。

その後、私が大学の専門課程2年生のときですから1971年だったと思います。上田誠也氏が著した『新しい地球観』（岩波新書）を読んでいたところ、驚くべきことが書いてありました。

かつてウェゲナーという人がいて、私が小学生のときと同じことを考えたのだと（正確には、ウェゲナーが考えたことを私も考えたというべきでしょう）。つまり、地球は昔、1つの超大陸があるのみで、それが裂けてバラバラになり、今日の位置まで移動したのだということです。さらに私を驚かせたのは、彼が地質学、古生物学、動物地理学、植物地理学、古気候学など、考え得るすべての分野からその立証を試みていたことです。『科学する』とはこういうことか」と学生の身ながら強く感動したことを思い出します。

ウェゲナーがこの説を最初に論文として発表したのは1912年のことでしたが、この説は地質学者から激しい批判を浴びたようです。なぜならウェゲナーは気象学者であり、地質学者から見れば彼はこの分野ではまったくの素人だったからです。しかしウェゲナーは批判にも負けず着々と証拠を集めました。現在の研究では大部分が正しいものですが、残念ながら生前には彼の説は受け入れられませんでした。それは、大陸を移動させる原動力が何かがわからなかったからです。

ウェゲナーの説が正しいことが証明されるには、海底の観測技術が進んで海底が拡大していることが明らかになり（海底拡大説）、さらにプレートテクトニクスという理論にまとめられるまで、ウェゲナーの死後50年の歳月が必要でした。

地球観測が盛んに行われ、プレートテクトニクス理論にまとめられたのが1960年代のこと。まさにその直後に私はそのことを知ったのです。

地震直前予知への挑戦のことを考えると、50年以上前のこのことが思い出されます。

第4章の参考文献

1 宇宙航空研究開発機構（JAXA）地球観測衛星「だいち」
https://www.satnavi.jaxa.jp/ja/project/alos/

2 防災科学技術研究所 地震・津波観測監視システム「DONET」
https://www.seafloor.bosai.go.jp/DONET/

3 防災科学技術研究所 日本海溝海底地震津波観測網「S-net」
https://www.seafloor.bosai.go.jp/S-net/

4 地震予知連絡会
https://cais.gsi.go.jp/YOCHIREN/about.html#gaiyo

5 地震防災対策特別措置法
https://www.bousai.go.jp/jishin/pdf/chibouhougaiyou.pdf

6 地震調査研究推進本部 地震防災における各行政機関の連携
https://www.jishin.go.jp/about/relationship/

7 気象庁『地震の予知について』

8 地震調査研究推進本部『気になる地震、スロースリップ』
https://www.jishin.go.jp/resource/column/column_18aut_p08/

9 長尾年恭 東海大学海洋研究所 地震予知・火山津波研究部門
https://www.sems-tokaiuniv.jp/EPRCJ/

10 村井俊治『測量工学的アプローチによる地震予測』
https://www.jesea.co.jp/about/method/

11 弘原海清編著『阪神淡路大震災前兆証言1519!』（東京出版・1995年9月）

12 池谷元伺『地震の前、なぜ動物は騒ぐのか』（NHK出版・1998年2月）

13 早川正士『電波を用いた地震予知』（電気総合誌『オーム』2018年3月）
14 梅野健『大地震発生直前の電離圏異常を検出 ―マグニチュード7以上の大地震の直前予測の可能性―』（2016年10月3日）
https://www.kyoto-u.ac.jp/ja/research-news/
15 （公社）土木学会 平成29年度会長特別委員会 レジリエンス確保に関する技術検討委員会『「国難」をもたらす巨大災害対策についての技術検討報告書』（2018年6月）

おわりに

２０２２年12月21日、政府は日本海溝・千島海溝における巨大地震の可能性を発表しました。その人的被害は最大19万９千人、経済被害は31兆円以上ということです。南海トラフ巨大地震の人的被害は最悪の場合約32万人、経済被害は２３７兆円超、首都直下地震のそれらはそれぞれ２万３千人、約１１３兆円ということは本文で書いた通りです。

政府はこのように被害想定を公表していますが、単に被害想定をするだけでなく、これらを、被害を最小限に食い止めるための重要な情報と位置付けています。すなわち敵の姿を明らかにしています。

私には、一番の問題は国民があまり危機感を持っていないことのように思えます。お叱りを受けることを覚悟の上でもっと辛辣に言えば、国や地方自治体などの行政はまだまだやるべきことはたくさんありますが、着実にやるべきことを進めていると思います。また学校の先生も超多忙な中で学校の防災、防災教育を少しずつですが進めておられます。一番努力をしていないのが一般の国民です。もちろん防災に熱心な方もたくさんおられます。しかしながらまだまだごく少数です。

自然災害に対処するとき、残念ながら国や自治体には限界があります。結局、自分や家族の命を守るのは自分しかいないことを自覚して、できうる限りの対策を実践していただきたいと思います。

また、私はマスコミにも責任があるように思います。政府が地震関連の情報を発表するとニュースとしては流すものの、それで終わり。この危機をどう日本全体で克服するか、という論調はまずありません。マスコミはしつこく、しつこく危機を説明し、国民が準備をするように報道を続ける役割があると私は思います。

報道のしかたにも問題があります。災害が発生したとき、報道は「行政の対応が不十分」というステレオタイプの内容が中心です。

これではいつまでたっても一般国民は努力をせず、防災力はつきません。マスコミは行政には限界があり、対応には時間がかかることをはっきりと伝え、国民も防災力を高める努力をしなければいけない、という強いメッセージを送るべきだと思います。

国が、自治体が、被災者に経済的な支援をする、それは当たり前のことですが、無制限に税金を使って支援を行うことは、次世代に借金と負担を残すことに他なりません。次世代への負担をできるだけ少なくしましょう。

何よりも防災力を個人が高めることは南海トラフ巨大地震で、首都直下地震で命を落としたりケガをしないことに直結しているのですから。

また我が家のことで恐縮ですが、次男が仙台へ転勤したとき、「仙台には近いうちに必ず大きな地震が来るから気を付けるように。特に寝室には何も置かないように」と言ったらしいのです。言った私は忘れていたのですが、次男はそれを守ってくれていました。地震発生は午後だったので直接そのためにケガをせずに済んだ、ということはありませんでしたが、もし真夜中に起こっても大丈夫だったと思います。

仙台に近いうちに大きな地震が来るというのは根拠がありました。東北地方の太平洋側はそれまで実に規則正しく約30年に1度、M7クラスの地震が起こっていました。前の地震が1978年の宮城県沖地震です。次男は2010年に仙台に転勤しましたから、そのときには宮城県沖地震から32年経っていて、いつ地震が起こってもおかしくないときでした。ただ、私はM7を想定していましたが、実際はM9でした。ちなみに、私が助手として最初に被害調査に行ったのがこの1978年の宮城県沖地震でした。

さて、地震が国家の歴史を変えることは何も「はじめに」で述べたリスボン大地震に限りません。我が国にも例があります。

1586年1月18日（天正13年11月29日）に起こった天正地震は、安土桃山時代に中部地方で発生した巨大地震で、現在の岐阜・愛知・三重を震源とするM8クラスの地震です。近畿から東海、北陸にかけての広い範囲に甚大な被害を及ぼしたと伝えられています。

実はこのとき、豊臣秀吉は徳川家康を討伐するために周到な準備を進めており、今の岐阜県大垣市にある大垣城に兵糧や兵器を備蓄していました。いよいよ家康を討伐するというその直前に天正地震が起こり、大垣城は壊滅しました。

大垣城は濃尾平野を流れる揖斐川の西にあり、一帯は軟らかい地層です。強烈な揺れで大規模な液状化も起こったことでしょう。家康討伐どころではなくなりました。この地震が起こらなければ確実に家康は秀吉に滅ぼされたでしょう。江戸時代はなかった可能性があります。

幕末の1854年12月23日（安政元年11月4日）に起こった安政の東海地震、同12月24日（同11月5日）に起こった安政南海地震、これらの地震はいずれもM8・4という巨大地震で、32時間の間隔で起こりました。静岡県の駿河湾奥から高知県まで大きな被害が生じています。その直後12月26日にも伊予西部・豊後（今で言えば日向灘）でM7・3〜7・5の地震が起こっています。さらに、翌1855年11月11日には安政の江戸地震（M7・0〜7・1）が江戸の町を直撃。首都直下地震に相当するこの地震の死者は約1万人といわれ、犠牲者の数は安政東海地震、安政南海地震の数千人よりも多かったとあります。

ペリーの黒船来航がこれら一連の大地震直前の1853年のことでした。地震が幕府の混乱に拍車をかけるとともに膨大な出費をもたらし、江戸幕府の寿命を縮めたことは十分考えられます。

1944年12月7日に発生した昭和東南海地震では、強い揺れと津波が静岡、愛知、三重などに非常に大きな被害を与えました。この直後の1945年1月13日に三河湾を中心にM6・8の三河地震が発生し、2300人以上の死者を出しました。戦争中で被害調査は非常に困難だったものの、被害の状況は比較的詳細に把握されており、この地域には多くの工場が集まっていました。その中には軍事工場も含まれており、大きな被害を受けていたことがわかっています。これらの地震が日本の軍事力の弱体化に拍車をかけたことは間違いありません。国際状況や頻発する地震と風水害、今、まさにこれらに似た状況が迫っているように私には思えます。

南海トラフ巨大地震、首都直下地震が起こると国の姿が変わる可能性があります。私たち一人ひとりにできることは、報道やインターネット上に公開されている正確な情報を活用し、自分なりの防災対策を立案し実行していくことにつきます。この本で紹介して来たように、「彼(地震)を知り、己(対策)を知れば、百戦(巨大地震対応)殆《あや》うからず」です。ともに手を取り合って情報を共有し、日本の困難に立ち向かって行きましょう。

特に、次の日本を背負っていく若い人たちには防災に対する高い意識を持っていただきたいと願っています。

この本書の執筆にあたりましては、株式会社宇部日報社会長の脇和也氏に同紙へ週1回の連載「防災徒然日記」を執筆する機会を、株式会社自由研究社代表取締役の佐々木直彦氏にはYouTubeで「三浦房紀の防災教室」をアップする機会をいただきました。本書の大部分は「防災徒然日記」、「三浦房紀の防災教室」で取り上げたものです。また、元山口大学副学長、後に山口学芸大学長を務められた三池秀敏先生には、本書の執筆を勧められると同時に、毎月のように定期的に進捗状況をチェックして頂きました。この3人の方がいらっしゃらなかったら、本書は出版されることはありませんでした。その後、防府日報株式会社にも「防災・減災のススメ」の毎週連載の機会をいただきました。

内容に関しては、山口県防災危機管理課、宇宙航空研究開発機構（JAXA）、防災科学技術研究所（NIED）はじめ防災関連機関の多くのみなさまに貴重な情報を提供していただきました。

また本書の出版にあたりましては、株式会社NHKエデュケーショナル、松本康男氏には、本書の担当をしてくださいました株式会社KADOKAWAの続木順平氏を紹介いただき、出版が現実のものとなりました。続木順平氏には詳細に本書の構成、原稿のチェックをしていただきました。このほかにも多くのみなさまのおかげで本書の執筆が実現できました。お世話になりました。心よりお礼を申し上げます。

近況ですが、2024年11月にベトナムのハノイで「アジア防災会議2024」が開催され、そこで会議を主催する一般財団法人アジア防災センターの第3代センター長に任命いただきました。1988年に設立されたアジア防災センターは、アジア地域での災害を軽減するために、国内で培ってきた防災情報の提供、防災技術の移転の支援、地域コミュニティの防災力向上支援および防災分野の人材育成などを主要ミッションとして活動を行っています。地震災害に加えて、地球温暖化に起因すると考えられる気象災害も世界で多発しており、特にアジアの災害では多くの人命が失われています。センターが果たすべき役割と責任はますます重くなっています。

第4章でも紹介をしました日本の防災科学・技術は、アジアをはじめとする多くの国々に貢献できるものです。これまで私が研究してきた地震工学や防災工学の成果、そして数多くの活動で得た知見を、できる限りわかりやすくみなさんにお伝えし、未来を担う次の世代、その次の世代に至るまで、安全で安心な社会を築くための一助となるよう全力を尽くしてまいります。防災の未来をともに切り拓き、より良い社会を目指して歩んでいきましょう。

参考元が明示されていない図版は本文中で案内しているか著者が作成したものです。

三浦房紀

1950年生まれ。京都大学防災研究所助手を経て山口大学名誉教授。一般財団法人アジア防災センター センター長。専門分野は地震工学、防災工学、衛星リモートセンシングの防災への利用。国土交通省や宇宙航空研究開発機構などの防災施策に貢献。受賞歴は文部科学大臣賞（科学技術賞）、内閣総理大臣賞（防災功労）など。

スタッフ

ブックデザイン	山之口正和＋永井里実＋齋藤友貴（OKIKATA）
図表制作	山之口正和＋高橋さくら（OKIKATA）
編集協力	今津朋子
編集	続木順平（KADOKAWA）
DTP	株式会社ニッタプリントサービス
校正	株式会社鷗来堂

これから首都《しゅと》直下《ちょっか》、
南海《なんかい》トラフ巨大地震《きょだいじしん》を経験《けいけん》する人《ひと》たちへ

2025年1月31日　初版発行

著　者　三浦房紀《みうらふさのり》
発行者　山下 直久
発　行　株式会社KADOKAWA
〒102-8177　東京都千代田区富士見2-13-3
電話0570-002-301（ナビダイヤル）
印刷所　大日本印刷株式会社
製本所　大日本印刷株式会社

●お問い合わせ
https://www.kadokawa.co.jp/（「お問い合わせ」へお進みください）
※内容によっては、お答えできない場合があります。
※サポートは日本国内のみとさせていただきます。
※Japanese text only

定価はカバーに表示してあります。

ISBN978-4-04-607411-9 C0036